西遊心理學

心理學

樂律

自我覺察 × 駕馭惰性

敏感 × 接納缺陷

韋志中　著

情緒、欲望與意志的賽局

從破解妖怪的圈套到通過佛祖的考驗，

安放騷動不已的內心

金箍、緊箍、禁箍，象徵人生從幼年到成年的階段

從孫悟空到白馬，其實是唐僧一人由裡向外的投射

九九八十一難，也是我們要反覆思索並跨越的障礙

29 個心理成長主題，洞悉《西遊記》背後的人心與人情

目 錄

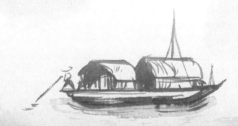

目録

序

古往今來，在溫飽滿足的前提下，越來越多的人會開始注重身心修練。如秦始皇追逐身心不老；許多名人經常上白雲觀閉關清修；一批中高階人士去泰國修道修心……

現在的人們怎麼了，心靈真的無處安放了嗎？

其實從日常與他人的接觸中，我們也能明顯感覺到人們的心理狀態。焦慮與緊張、自卑與拘束、壓力與失眠、競爭與淘汰，已逐漸充斥在人們的工作與生活中。這些負面情緒就像病毒一樣，逐漸啃食人們的身體。

《西遊記》是一本家喻戶曉的小說，很多學者、有心人士從多個角度對其進行解讀，如陰謀論、政治學、成功學、團隊管理等。但是在眾多的學說中，我總感覺缺點什麼，這可能是我作為一名資深的心理學人，沒有看到前人從心理學角度解讀這本名著的遺憾吧。

有人的地方，就有江湖；有人的地方，也就有心理學的存在。《西遊記》作為一部經典名著，我覺得它裡面呈現的心理學智慧並不亞於《三國演義》，可是人們往往被打怪情節吸引，而忽視了背後的人情與人理。

悟空為何每次都勇於和妖怪打架？八戒好吃懶做為何也能進入取經團隊？沙僧本領平平，為何也能修成正果？玄奘為何能不為美色所迷惑，苦苦堅持取經之路？這背後都充滿

著心理成長的思想。

　　作為一名心理學人，我既然能看到這本小說包含的心理學思想，當然不會吝嗇到想占為己有，而是想將其分享給大家。況且《西遊記》作為經典名著，也值得讓更多的人了解其心理學思想與智慧，這才有了今天這本書的問世。

　　本書將從《西遊記》故事入手，闡述四大心理成長方向 ── 善待現在的自己、安定我們的心、發展我們的情、堅定我們的行，並透過 29 個心理成長主題，為讀者一一剖析背後的人心與人情。

　　對於每一個成長主題，我們主要分四步進行闡述：其一，講述《西遊記》故事中一些相關情節；其二，明確其中的心理學知識與原理；其三，結合現實談談人們在這一成長主題上的看法或行為；其四，指出存在的問題，給出個人成長的建議。以故事－原理－現實－對策這種環環相扣的方式，為大家提供一系列的心理成長智慧。

　　希望看過此書的讀者們，能夠在心靈成長路上有所感悟和啟發，能夠在原有的基礎上，更加善待現在的自己，更加安定自己的心靈，更加重視我們的情感，更加堅定我們的方向。

第一章　善待現在的自己

在成長的道路上，我們並不缺少同行者，他們或是親人，或
是朋友，或是伴侶，或是路人。但是能自始至終同行的，卻
只有我們自己。善待自己，既是對自己的負責，也是對生命
的珍惜。

在《西遊記》中，我們可以看到很多善待自己的行為，如悟空
的超越、八戒的隨性、沙僧的踏實，唐僧的堅持……

從悟空的名號看成長：
生理自我到心理自我的轉變

美猴王、孫悟空、弼馬溫、齊天大聖、孫行者、鬥戰勝佛，這些稱號通通都指向《西遊記》的第一男主角。不過這些稱號可不單單是稱呼，它們是有一定的含義在裡面的，代表著孫悟空所處的不同階段。

一、從美猴王到孫悟空

我們先來看看「美猴王」這個稱呼是怎麼來的。石猴與群猴玩耍時，偶然間發現了一個山洞。眾猴約定，誰能進洞裡探個究竟，就擁立他為王。於是石猴一鼓作氣，勇敢地跳入了瀑布，發現了美輪美奐的水簾洞，眾猴都對他讚不絕口，同意立他為王，又由於其模樣長得好，就稱呼他為「美猴王」。

從此美猴王領著眾猴，食草木、飲澗泉、採山花、覓樹果。正如書中所寫：春採百花為飲食，夏尋諸果作生涯。秋收芋慄延時節，冬覓黃精度歲華。每天吃吃喝喝，樂享天真，這樣的生活一過就是三五百年。

　　日子雖然過得逍遙，不過美猴王並不滿足。一天，他開始感嘆起世事無常來：將來我要是年邁，身子骨不行，腿腳也不靈活，可能隨時都會被閻王索了命。到時候，還有誰會記得我這個美猴王！可憐我在這世上走一遭，到頭來卻什麼也沒有留下，真是想想都覺得可悲呀！

　　有個通背猿猴看出了美猴王的憂慮，於是前來獻計：大王，佛、仙、神都是與天地同壽的，閻王爺根本管不著他們，大王何不去向他們學習個不老之術。美猴王一聽，喜出望外，想著：是呀，我可以去修仙，學長生不老的法術呀，與天地同壽，豈不美哉。於是他就踏上了尋仙之路。

　　美猴王獨自登筏，飄洋過海來到了南贍部洲，在這裡求訪神仙，八九餘年，但是沒個結果。可是美猴王並不氣餒，他又飄過西海，來到了西牛賀州地界，繼續尋訪神仙，偶然在樵夫的指引下，到達了夢寐以求的神仙住處 —— 靈臺方寸山。在這裡美猴王拜菩提祖師為師，被賜名孫悟空。祖師也不吝賜教，傳授孫悟空筋斗雲和七十二般變化之術。近十年時光，悟空晝夜練習，長生不老術終於學成。

二、生理自我的滿足

　　從吃喝的美猴王到長生的孫悟空，石猴一直在生理的需求中打轉。此時他對自己的認知局限在生理自我的層面。

　　什麼是生理自我呢？生理自我是我們對自己身軀、性別、形體、容貌、年齡、健康狀況等生理特質的意識。通常表現為對身體健康、外表美的追求，物質欲望的滿足，或對自己所有物的維護。生理自我是自我概念的原始狀態，此時個體能夠意識到自己的存在。

　　一開始，美猴王領著眾猴每日吃喝玩樂，朝遊花果山，暮宿水簾洞，他們不再為吃喝發愁，也不用為住宿擔憂，生活自在，不勝歡樂。至此美猴王衣食住行上的煩惱已經完全沒有了，但身體上的健康卻是不由自己做主的。三五百年後，自己隨時都可能消失在這世間。所以美猴王歷經數年，拜訪名師，修煉長生之術，都是為了滿足生理自我的需求。長生之術修成，自己與天地同壽，至此孫悟空生理上的約束已全部被打破。

三、從孫悟空到齊天大聖

　　孫悟空生理上的約束已全部被打破，接下來他渴望證明自我存在的價值，開始貪戀外界的名聲地位。

　　孫悟空希望得到天庭的認可與尊重。當太白金星讓其上天當官時，悟空高興得不得了，當場就安排酒宴款待太白金星。但得知自己的官竟是個末等的弼馬溫時，孫悟空立刻火冒三丈：這玉帝也太瞧不起人了！於是他直接撂挑子不幹，

在花果山豎起了「齊天大聖」的大旗。雖然這是自封的名號，沒有品級，但聽起來非常霸氣呀！這無疑是一劑精神藥丸，安撫了悟空受創的心靈。

悟空擅離職守、自立封號，玉帝氣得火冒三丈，派李天王和哪吒三太子前去收拾孫悟空，奈何悟空神通廣大，他們根本就不是對手，玉帝沒辦法，只好妥協，不就是想當「齊天大聖」嗎？讓他封一個不就成了。至此，悟空在天界有了「齊天大聖府」。

四、社會自我的滿足

悟空這種追求名聲和地位的行為，源於社會自我的驅使。

正如前文所講，生理自我是個體對生理方面的意識，社會自我就是個體對自己在群體中的地位、名望、受人尊敬的程度等方面的意識。其通常的行為表現是追求名譽與地位，爭取得到他人的好感和認同。

悟空長生不老的需求已經被滿足，獲得了非常高的生理自我，但是生理自我程度高，並不意味著別人一定看得起你，一定尊重你，「弼馬溫」這個馬夫官職就是很好的證明。不過悟空可不是個任人嘲笑的軟角色，他直接自封「齊天大聖」，跟天庭槓上了。

悟空的這種行為就是在追求地位和名望，就是在挽回自己的臉面。他想向天庭證明，自己本領高強，法力了得，天庭讓自己當馬夫，真是太小瞧自己了。當然悟空的追求是成功的，天庭最終選擇了妥協，替孫悟空封了個「齊天大聖」。

五、地位有了，心卻空了

大聖在仙界有了一定的地位，每日和各位神仙稱兄道弟，甚是清閒。可是時間一長，這清閒就變成無聊了。每日一件正經事都不做，只是吃吃喝喝，也是沒趣。

要說這人哪，地位變了，胃口自然也就大了。你看，他是美猴王的時候，只想著吃喝就行；他是孫悟空的時候，只想著學習長生之術；他學藝歸來後，只想著上天庭做個官，讓神仙們認識認識自己；現在成了齊天大聖，他卻又不自在起來了。

這不，他開始變著法地尋求刺激來了。他覺得管理蟠桃園太沒滋味了，於是乾脆吃幾個仙桃，吃著吃著就收不住了，把成熟的仙桃吃了個一乾二淨。這還不算事，王母不是要開蟠桃會嘛，大聖就想著去看看，結果一看，又忍不住了，百味八珍，佳餚異品，全都進了他的肚子，就連太上老君的仙丹也遭了他的「毒手」。這可真是不鬧不知道，一鬧嚇一跳呀！

六、心理自我的追求

悟空想要天庭的尊重，天庭為他修了「齊天大聖府」，滿足了悟空社會自我的需求。可是社會自我的需求滿足了之後，心理自我卻空虛了起來。

我們知道，除了生理自我和社會自我外，還有心理自我的概念。心理自我是個體對自己智力、興趣、愛好、氣質、性格等諸方面心理特點的認知。通常的行為表現是追求智慧，強調自我的價值和自我理想，並根據社會需求和自身發展來調控自己的心理和行為。

齊天大聖整日在天庭中遊蕩，變著法子地闖禍，深層次的根源是他沒有心理自我的追求，沒有控制好自己的心理和行為。悟空在花果山稱王稱祖，可是在天庭就不一樣了，他需要收斂，需要服從，需要走出自己的心理舒適圈。

每個人都有自己固定的習慣、觀念與行為方式，這些構成了心理舒適圈。每個人都有心理舒適圈，在這個區域內會感到放鬆，不願被打擾，有自己的節奏，有自己的做事方式。不過隨著身分地位的改變，心性、行為自然也要隨之改變。悟空卻沒有這種認知，仍然我行我素，在自己的舒適圈打轉，沒有規矩，沒有約束。

那如何才能擺脫自己的舒適圈呢？這就需要「苦其心志、勞其筋骨、餓其體膚」了，從對外在名利的關注轉向

對自我內心的關注。

如來把悟空壓在五行山下，這就屬於餓其體膚；取經路上只能一步一步走，這就屬於勞其筋骨；西行路上妖魔橫生誘惑不停，又有唐僧緊箍咒的制約，這就屬於苦其心志。當然這也不是絕對的，比如把悟空壓在五行山下讓他能好好反省，這也在苦其心志之列。但是不管怎麼說，都脫離不了這三類。

七、孫行者與鬥戰勝佛

唐僧為什麼替悟空取名為「行者」呢？其實這裡面也大有門道。原文是這樣寫的：「（悟空）你這個模樣，就像那小頭陀一般，我再與你起個混名，稱為行者，好麼？」唐僧是覺得悟空長得像小頭陀。那這頭陀是什麼呢？即佛教僧侶所修的苦行，棄除對衣、食、住等的貪念，以修煉身心。唐僧替悟空取這個名字，也是在告誡悟空要苦其心志呀！

所以，孫行者也就是苦行僧了。取經之路也就是孫悟空離開心理舒適圈，從社會自我走向心理自我的修行之路。取經結束，也意味著孫行者的苦行之路結束，此時悟空已經完成了心理自我的超越，實實在在地成為一個佛了。

如來嘉獎其懲惡揚善、降妖伏魔有功，就封悟空為「鬥戰勝佛」。「鬥戰」很明顯，就是好戰，具有戰鬥精神。這是悟空不斷突破自我舒適圈的寫照，也是他心靈成長的不斷昇華。

八、心理成長是螺旋式上升的過程

從石猴出生到成為鬥戰勝佛，悟空都在進行自我突破、自我超越。但是由於個人的能力與經驗有限，他選擇的突破領域也會有所側重。

悟空剛出生的時候，他想到的是自己的挨餓受凍和生老病死，這是一種本能的驅使，畢竟身體才是革命的本錢，命都沒了，談什麼也沒用。所以剛開始的 300 多年，他致力於與生理局限抗爭，堆積糧食，修煉法術，這也是他生理自我滿足的時候。

等到悟空突破了生理局限，且修得高強法術後，他的心卻平靜不下來。他渴望得到仙家的認可，渴望用自己的本領來建功立業。可是玉帝及眾仙根本看不起他，為了防止他鬧事，就替他安排一個「弼馬溫」的職位；不過悟空不是那麼好應付的，你看不起我，我就自封個「齊天大聖」，並且你們還得承認我這個稱號，要不然我就搗毀凌霄寶殿。天庭見這是個「硬骨頭」，無奈只好順應了他，還為他建了府邸。

悟空的社會自我實現了，但心靈開始無處安放，新的問題又出現了。只有官職，沒有配套的工作就容易滋生事端。大聖整天閒來無事，東逛逛，西轉轉，剛開始可能還覺得新鮮，但時間長了，就會覺得無聊透頂，所以就需要來點「精神刺激」。之後就有了「被壓五行山下」和「西天取經」一說，

這兩件事一是能讓他的心靈得到歸屬，二是能讓他的自我價值得到實現，同時也告訴了我們，「事上練才」是實現心靈成長的有效途徑。

從生理自我到社會自我再到心理自我，這是一個螺旋式上升的過程。在這個過程中，有抗爭，有衝突，同時也存在著統一，孫悟空的每一個過程都實現得不容易，都會有小曲折，而他的成功就在於他不拋棄不放棄，既然選擇了遠方，便只顧風雨兼程。

九、我們離悟空還有多遠

相信很多讀者在看《西遊記》時，都羨慕孫悟空的本領，他大鬧天宮、三打白骨精的故事，直到現在還一次次地被搬上大螢幕，可見人們對孫悟空的喜歡程度。

其實我們每個人都和悟空有一樣的經歷。悟空需要吃喝，我們也需要；悟空需要名利，我們也需要；悟空需要磨練，我們也需要。可是我們為什麼不能成為孫悟空呢？原因就在於悟空不會找藉口，而我們會。

悟空可以放開肚子吃，而我們會擔心肥胖，會擔心胃不舒服；悟空會花費十幾年學本領，而我們會擔心學到的東西沒有用，是浪費時間，甚至懷疑自己能不能學會；悟空會因為不喜歡而向天庭說「不」，而我們可能會一再委屈自己，不

斷妥協；悟空會腳踏實地地去取經，而我們卻總想著有個捷徑，有個貴人相助；悟空會放低自己，請人幫助降妖，而我們卻總想著單打獨鬥，害怕被別人看不起⋯⋯

我們離悟空的距離還有多遠？為什麼我們成不了孫悟空？從悟空的成長之路，我們就可以找到答案。

從八戒的名號談起：
不做什麼比要做什麼更重要

一、「八戒」的由來

話說孫悟空打敗豬剛鬣後，把他帶到唐僧跟前。豬剛鬣見了唐僧，很興奮，認了師父，接著便對師父說：「師父，我受了菩薩戒行，斷了五葷三厭，我在丈人家持齋把素，更不曾動葷；今日見了師父，我開了齋罷！」唐僧說不行，你既不吃五葷三厭，我再與你起個別名，喚為八戒。於是豬八戒就成了他的名字。

這「八戒」可是佛教中的要求，其具體內容為：一戒殺生，二戒偷盜，三戒淫，四戒妄語，五戒飲酒，六戒著香華，七戒坐臥高廣大床，八戒非時食。

但這八大條戒律，二師兄一樣也沒做到呀。此時師父的用意就很明顯了，就是時刻提醒八戒要謹守佛門清規，戒掉那些不好的惡習。

二、「八戒」而不是「八養」

八戒是有很多小毛病，可是師父為什麼讓他戒掉壞習慣，而不是養成好習慣呢？要知道兩者殊途同歸，最後達到的效果是一樣的。

就拿暴食來說吧，「戒」就是不允許八戒吃那麼多東西，目的是讓他少吃點；「養」就是要求八戒吃飯時吃六七分飽就行了，也是讓他少吃點。拿殺生來說，「戒」是讓八戒不要殺人，珍惜生命；「養」是要求八戒擁有慈悲心腸，也是珍惜生命。

既然「戒」和「養」都能達到同樣的效果，那為什麼要叫他「八戒」而不是「八養」呢？

要想弄楚這個問題，我們就先來看看心理學是怎樣解釋的吧！

社會心理學家提出了一個定理：測驗一個人的智力是否屬於上乘，只看他腦子裡能否同時容納兩種相反的思想，而不會影響他的日常生活和工作。

同時容納兩種相反的思想，這有點類似於我們同時從正反兩面考慮問題。如我們替一個事物下定義時，要描述它是什麼，也要描述它不是什麼。比如：心理學是什麼，心理學不是什麼；心理成長是什麼，心理成長不是什麼。

為什麼同時能容納兩種相反的想法的人，就是聰明人呢？

因為這樣我們可以全面地考慮問題，進而也能提前規避問題或解決問題。如果只從一面思考問題，就可能會遇到意想不到的麻煩，雖說「萬事如意」，但「世上不如意者十之八九」，所以我們需要理性看待我們的選擇，看待我們做出的決定。

「選擇做什麼」只說明了事物的一面，我們往往還有選擇更多的欲望或衝動，我們只有同時界定了「選擇不做什麼」，即從相反的一面描述和界定這個事物，它才具有確定性，同時限制住更多選擇的欲望和衝動。

也就是說，「選擇做什麼」為我們開啟了欲望的大門，之後可能會讓我們陷入欲望的溝壑；而「選擇不做什麼」則為我們關閉欲望的大門，阻止我們進入欲望的漩渦。

所以，要想增加成功的機率，我們必須有所取捨，明確自己「選擇做什麼」和「選擇不做什麼」。當我們不清楚什麼是上限的時候，最重要的是定好自己的底線。

三、「八戒」是對欲望的阻止， 「八養」是對欲望的放縱

看到這裡，你是否已經恍然大悟了呢？是否明白唐僧的用心良苦了呢？唐僧為豬剛鬣取名「八戒」，其實就是對其欲望的阻止，八戒本身就是欲望的化身，要想讓他成長修行得更好，就需要對這些欲望進行監禁，這也是最直接、最簡

單、最準確的方式。但如果取名「八養」，這是擺明讓八戒追求更多的欲望了。一個欲望還沒有滿足，又生出來這麼多欲望，那八戒哪還有心思去取經呢。

還是拿暴食來說，「戒」是禁止八戒多吃，而「養」則是憑空又為八戒添了個目標。如果我們先拿「六分飽」來作為「養」的標準，假設八戒堅持了一段時間後，「六分飽」的標準達到了，那他會就此停止嗎？不會，他可能會向師父說好話，讓師父給他獎勵，就像文章開頭八戒說的：「師父，我斷了五葷三厭，今日見了師父，高興，要不我就開了齋罷！」八戒現在同樣會要求師父：「師父，我這好習慣養成了，今日高興，您就讓我多吃點吧，只吃七分飽也成！」師父呢？可能覺得這「六分飽」的標準還是太低，八戒這暴食的毛病還存在，那就來個更嚴格點的，定個「五分飽」的標準吧。結果八戒又需要在「五分飽」的標準上艱苦奮鬥。

所以，對於欲望化身的八戒來說，「八戒」是對欲望的阻止，「八養」是對欲望的放縱。

四、「八戒」也是底線

「八戒」是對欲望的阻止，也是唐僧對八戒的底線。要是八戒不遵守這個底線，師父可就要動怒了！

在「四聖試禪心」這一章中，八戒和唐僧的衝突就來了。

有一美婦人家境殷實，希望招納一個夫君共用富貴。八戒聽後立刻就坐不住了，這可是天上掉餡餅的好事，這般富貴，這般美色，又有幾個人能遇上呢？可是師父怎麼沒個回應呢？於是他扯著師父的衣角，希望唐僧說句話。

唐僧見八戒這般反應，火氣立刻就上來了。只見唐僧猛地抬起頭，眼睛直勾勾地瞪著八戒，屬聲說道：「你這個孽畜，我們是個出家人，豈以富貴動心，美色留意，成得個甚道理！」把豬八戒一下子罵傻了。

心理學上有個名詞叫「期望底線」，就是說，當一個人的期望值超出他能忍耐的極限，這個人會因此而崩潰。唐僧為什麼會有這麼大的反應？因為八戒已明顯違反了「八戒」中的「三戒淫」和「七戒坐臥高廣大床」。這是唐僧對八戒的底線，八戒違反了這個底線，唐僧能不動怒嗎？

所以，「選擇不做什麼」也是一種底線原則。

五、不做反而更好

不做什麼要比做什麼更重要，這話初聽起來，感覺有點荒唐。畢竟我們從小接觸的是「欲窮千里目，更上一層樓」「一寸光陰一寸金，寸金難買寸光陰」，這都是在教導我們抓緊時間，努力攀登。不做反而會更好？這話怎麼聽都覺得不可信。

其實早些時候我也存在這些疑問。人嘛，總是在做事中

才會慢慢成長起來。有些人拚命地奔跑，還落後於他人，如果不奔跑了，那在社會上簡直就無法立足了。所以我們就各種找方法，找出路。「我 20 歲時應該做什麼？ 30 歲時應該做什麼？ 40 歲時應該做什麼？」「怎麼做才能成為主流人士？」「怎麼做才能成為一名出色的工作者？」「怎麼做才能讓孩子接受最好的教育？」等等。年輕人現在的困惑我那時候也常有，處於迷茫中的我們都會習慣性地想要抓住什麼，即「我最應該做什麼來擺脫迷茫？」被這種焦慮驅使，我們會本能地想要「做些什麼」來緩解、掩蓋和躲避自己的焦慮。可是，慢慢地，我發現，原來不做什麼比做什麼更重要。

20 歲是什麼年紀，是接受教育的大好時光。此時在學校裡好好吸收文化知識比在學校外面打工賺外快更重要。可是有些大學生不那麼認為，他們認為早點接觸社會，累積點工作經驗對畢業找工作才更有利。基於這樣的想法，他們才大搖大擺地在上課時間去做兼職。

好好讀書是為了找個好工作，外出做兼職也是為了找個好工作，本來出於同樣的目的，卻迎來了不相容的局面。其實那些外出兼職的學生是為了緩解自己的焦慮，他們擔心自己以後找不到好工作，所以才有了提前歷練一下的想法。但他們卻忽視了解決這個焦慮最根本的方法 —— 讀書。讀書是為了什麼？相信很多人會告訴你是為了找個好工作吧？既然這麼心知肚明，為何還要捨本逐末，放棄讀書呢？

　　同樣地，很多來訪者來找我諮商，也總是很急迫地尋求解決方法。「韋老師，我要做點什麼才能緩解焦慮呢？」「韋老師，我孩子快要考研究所了，我要做點什麼來幫助他？」「韋老師，我和老公總是吵架，我要做點什麼才能挽救我們的夫妻感情呢？」我給他們的答案就是「你應該想想，你不做什麼才能讓自己感覺更好」。

　　當不愉快的事情來臨時，我們往往會亂了陣腳，總是覺得自己做得不夠，或者做得不好。其實我們做得已經夠多了，只不過我們還不自知。我們現在需要做的，就是減法，停止一些多餘的行為，讓自己活得更真實、更自由。

六、現實生活也需要「戒」

　　八戒需要戒，那我們作為普通人，要不要戒呢？其實這個「戒」就是設定一個自我的邊界，讓自己的欲望、本能在可控之中。當然有人會這樣說，當下的法律和道德就是一種「戒」，只要遵循它就可以了，不過我覺得我們還可以對自己有更高的要求。

　　比如說我們會偷懶、拖延、放縱自己，這些都可以去戒，但是你要說想戒笨，那可就沒辦法了，因為笨只是當下的一個狀態，它並不是你本身所帶有的。所以與其說戒笨，還不如說希望自己更加地靈活，能夠多一些反思、多一些看見。

　　這裡我要特別提一下「放縱自己」這個說法，其實我們往往會用另一個詞 ──「寬容自己」來掩蓋。

　　我的一個學員曾經跟我分享過類似的話題，她說：「我以前覺得夫妻吵架沒有什麼不好，只要吵過之後，我能處理好和老公的關係就行。可是我現在慢慢意識到，要想夫妻之間的關係更好，需要相互的體諒，不應該經常吵架。經常吵架在短時間內沒有什麼破壞性，但時間長了就會有不好的影響。我對吵架的這種寬容其實是不好的。」當時聽完她的分享，我在心裡其實是為她按讚的。一個對心理學接觸沒太久的普通人，居然能有這種聰慧的見解，很不容易了。

　　所以，現實生活中我們需要「戒」，我們需要「對自己提要求」。可是我們很多時候都對這兩個詞有誤解，我們覺得「要求自己」就是在給自己施壓，就是讓自己背著負擔前行。「戒」更是有一種小心謹慎、不能任意地放縱之嫌。其實大家對這兩個詞有誤解是可以理解的，畢竟這兩個詞給人的感覺就是難以讓人樂意接受的。

　　不過我們應該拋開偏見看本質，正如我前面所說的，「戒」是對自己欲望的阻止。成就自己就需要掌控自己，而我們需要掌控的更多是自身的欲望。

七、以戒為師

從八戒的名號我們可以看出，不做什麼比做什麼更重要。現實生活中我們也應該以戒為師，可是社會選擇那麼多，我們應該怎麼權衡「選擇不做」和「選擇做」呢？

1. 要明確自己的底線

現實生活中，我們往往很清楚自己想要的是什麼，想要錢，我就去努力賺錢，想要獲得高學歷，我就刻苦讀書，認真鑽研。可是為什麼我們會覺得累、覺得苦？其實就是欲望太多，而能力沒能配得上欲望，所以焦慮、苦惱就產生了。「選擇不做什麼」則是對欲望的一種牽制，明確自己的底線，讓我們更清楚地意識到自己想要的到底是什麼。可是我們往往會忽視這一點。

2. 對自己提要求

了解自己的底線後，就可以對自己提要求。比如我痛恨虛偽的人，所以我就要求自己真誠待人。那麼如果碰到某些人把我的真誠解讀成拉攏人心、處事圓滑、不懷好意，那我還要不要堅持真誠呢？其實這也是對自己提要求的關鍵點。我們不能因為別人的異樣眼光而懷疑自己的選擇。要知道，對自己提要求，是讓自己變得更好，而不是更壞。他人不了

解你的初衷，不了解你的為人，誤會你，不打緊，但如果你自己也開始懷疑自己，那就真的無藥可救了。

3. 形成自己的規矩

按照提給自己的要求去行事，時間久了，內心就會自動樹起一道閘門，形成自己的規矩。外界的規矩有很多，但我們也樂意接受，為什麼呢？因為「請勿攀登」、「請勿停車」、「公共場合請保持安靜」這類禁止標語往往會在很醒目的地方，我們一看就明瞭，也就知道不能做什麼了。而自己的規矩卻是看不到摸不到的，別人不了解，同樣也會誤解你，嚴重時還會傷害你。

還拿「真誠」來說吧，我為自己定了個規矩，不跟不真誠的人來往，如果朋友有不真誠的行為，我也會當面揭穿，這樣豈不是傷害了彼此間的和氣嗎？朋友會覺得丟了臉面，由此和我絕交。那我這個規矩是否要改呢？答案很明確，不改。

八戒的隨性：
不自欺是善待自己的有力證明

一、懶人遇到了貴人

八戒從小就腦子不靈光，但是後天他也沒想過改變，整天就是混吃混喝，無所事事。要是現在哪個媽媽碰到這樣的孩子，非得氣瘋了不可！可這種懶人偏偏就有貴人相助，一躍跨上了人生巔峰！

貴人不在乎八戒的懶，也不為八戒的貪而氣惱，一粒九轉大還丹就讓八戒羽化成仙了。這仙還不是一般的仙，是身分顯赫的上仙 —— 掌管天河八萬水軍的天蓬元帥，這要放在現在，就是直接從街頭小混混輕而易舉地變成了海軍總司令呀！

這上位速度真的是讓人不敢相信。但事實卻不容反駁，八戒就是攤上了這天大的好事。

二、懶人終究還是懶人

身分地位有了，但八戒真的能改掉往日的習性，清心寡慾地做一個神仙嗎？事實告訴我們，顯然是不能的。

八戒酒後亂性，竟調戲起嫦娥來了！仙家不允許相戀，更何況是這種調戲之舉了！但天蓬元帥才不管這些，不僅做了，還吼得整個天庭的人都知道了。這真的是把「不要臉」發揮到了極致。

都說酒壯人膽，這話一點都不假。只有藉著醉酒，天蓬才能顯露出自己的真面目；如果放在平常，他就算有這個心也沒這個膽呀！

要知道天蓬元帥既沒有修身養性，也沒有吃苦受難，他是由於貴人相助才位列仙班的。但江山易改本性難移，他的一些本性並不會隨著地位的上升就消失不見。

三、不欺騙自己，才是對自己好

即使身居高位，天蓬元帥念念不忘的還是美色，這樣一來，遭人恥笑是在所難免的了。但是我們從另外一個角度看，這何嘗不是善待自己的證明。

著名心理學家羅傑斯曾對心理健康的最高境界進行過描繪：「我的意識與我的內心體驗相一致，我對人講述的又與我的意識相一致。於是，這三個層次相互一致，渾然一體。」簡單來說，就是「真誠」二字，不欺人也不自欺。

「我對人講述的與我的意識相一致」，就是「我怎麼想就怎麼說」，這是「不欺人」。對於不欺人，我們的孔老夫子很

早就教育我們：人無信則不立。我們也一直在按老夫子教導的那樣去做，所以對於很多人來說，這並沒有什麼難度。

「我的意識與我的內心體驗相一致」，就是「我怎麼感受就怎麼想」，這是「不自欺」。說到不自欺，我想很多人都難做到吧。畢竟怎麼感受只有自己才清楚，旁人是思索不透的；怎麼想也是自己的事，旁人也干涉不了。

正是因為「不自欺」的隱蔽性和隨意性，才讓很多人輕視了它的價值。畢竟自己騙自己，不但不用背負良心譴責或者受到道德倫理的約束，而且還能舒心、放心，何樂而不為呢！但欺騙畢竟是欺騙，就算暫時讓我們覺得很受用，從長遠來看，卻是一種心理不健康的表現。

心理健康的人熱愛真相，不論真相多麼痛苦，他們都勇於接受，不會用欺騙自己或欺騙他人的方式扭曲真相；相反，心理不健康的人，他們的感知能力出現了問題，他們用欺騙自己和欺騙別人的方式把自己的人生變成一團難以辨認的迷霧，而他們的心靈最終也在這團迷霧中失去了方向。

總之一句話，自欺是暫時心安，不自欺才是永久心安！

四、死不悔改

天蓬元帥由於調戲嫦娥，一下子從天庭的「海軍總司令」淪落為吃人的妖怪，這是何等的悽慘！他不僅沒有了昔日的

威風凜凜，連一天三頓的溫飽都成了問題。可是這豬剛鬣不僅沒有吸取教訓，反而為了填飽肚子，幹起了吃人的勾當。

吃人的事我雖沒見過，但是影視作品、文學作品中也多少有所耳聞。那實在找不著吃的，快要餓死了，沒辦法才會採取的下下之策。這豬剛鬣已通人性，武藝高本領強，他想找吃的，還不容易？他卻偏偏選擇了吃人這種最殘忍的方式。可見在豬剛鬣眼中，餓肚子是一件多麼不能容忍且令人恐懼的事！

觀音菩薩看到他這樣，非常痛心：「你怎麼死不悔改呢，玉帝要是知道了，肯定不會饒恕你的，你這樣不是自毀前程嗎！」豬剛鬣可不這樣認為，前程又不能當飯吃，讓我餓肚子的事，我才不幹呢！菩薩沒辦法，只能繼續誘導：「你若能皈依我佛，管你吃飽喝足，養尊處優！」豬剛鬣一聽，這好呀，比現在費力氣抓人好多了！於是連連答應：「我願意！我願意！我願意！」

所以，就算被貶下凡間又怎樣，就算投入豬胎又怎樣，只要能讓八戒吃飽喝好，他才不會計較那麼多呢！天蓬元帥他做得，豬妖他也能接受，取經人他也不反對。

五、堅守不自欺，始終善待自己

取經路長途漫漫，危險重重。但對八戒來說，這並不是一種折磨，反而還平添了幾分樂趣。為什麼這樣說呢？因為

美女夠多，飯菜也夠多樣。一路走來，八戒飯也沒少吃，美女也沒少看。甚至最後在名利面前，八戒也沒有放棄自己的吃喝本性。

如來念唐僧四人取經有功，分別加封唐僧為旃檀功德佛，孫悟空為鬥戰勝佛，輪到八戒時，卻是個淨壇使者。八戒明顯就不樂意了，憑什麼他們都是佛，而我只是個使者呢，我也要成為佛！如來告訴他，這可是個美差呀，你可以享受八方香火，吃喝不愁！一和吃飯扯上關係，八戒立刻就同意了。管它是佛不是佛，他完全不在乎了，好吃好喝才是八戒最想要的。

所以，八戒自始至終都不想讓肚子受委屈，不想讓嘴巴太寂寞。只要滿足了這個條件，他就高興，就快樂；沒有飯菜，他就不開心，就不高興。

這就是真實灑脫的八戒，他從來不會刻意隱藏自己的需求，從來不會因為別人的不喜歡而有任何的改變。

不迎合別人，做快樂的自己，這樣的八戒你喜歡嗎？

六、善待自己成了現代人最缺乏的信念

在八戒的世界裡，沒有什麼多餘的想法，只要吃好喝好就好，他活得很簡單、很真實、很純粹。但在芸芸眾生之中，我們做不到八戒的率真，因為我們在乎的東西太多了。

可是越在乎，我們就越害怕失去；越害怕失去，我們就越渴望別人的認可；越渴望別人的認可，我們就越會隱藏自己的本心；而越隱藏自己的本心，我們就會越痛越累。所以，善待自己成了現代人最缺乏的信念，迎合別人成了現代人最累的負擔。

不知你有沒有這樣的感受：明明不想說話，但是別人一跟自己說話，卻還是無法拒絕；明明不想誇人，但還是不情願地去讚美；明明不認同上司，卻還是要給上司鼓掌，誇獎上司講得對……

我們這樣一天天地偽裝，一天天地迎合，一天天地委屈自己，其實並沒有給自己帶來多大利益，反而還會讓人產生誤解：朋友會因為你偶爾的恍神怪你沒有認真聽他講話，鄰居會因為你違心的微笑說你表裡不一，老闆會因為你不加思考的主動迎合罵你溜鬚拍馬……

這樣下去，我們的心理會不堪重負，我們慌了，我們亂了，我們不知道到底應該怎麼做才是對的，我們不知道生活的快樂和意義何在。殊不知正是自己斷送了自己的快樂，把自己推上了失望的巔峰。我們站錯了隊，也關注錯了人，如果我們自己都不在乎自己、不取悅自己，別人又如何能重視你呢！

所以，不為別的，隨心就好。我們不應該委屈自己去迎合別人，我們需要做的應該是聽從自己內心的聲音。八戒的

率真我們可能做不到，但最起碼我們應該盡量減少迎合的次數，增加不自欺的頻率。

七、被孤立並不是放棄自己的藉口

在善待自己的過程中，由於別人不理解，我們可能會被嫌棄和孤立。曉文就遇到了這樣的事。

曉文被寢室一個女孩處處針對，那個女孩在背後到處說曉文的壞話，還和原本跟曉文走得很近的幾個女生套近乎，慫恿她們一起疏遠曉文。

剛開始曉文並不在意，吃飯和集體活動都會叫上女孩。但越這樣，女孩越覺得曉文不會看人臉色。女孩買水果當面分給寢室每個人，唯獨繞過曉文。

有次去上課，半路碰見班導師，曉文就打了聲招呼，女孩說：「妳這麼熱情幹什麼？顯得我們其他人很不懂事，妳讓班導怎麼看我們？」曉文解釋說：「班導當時往這邊看，不打招呼不禮貌。」女孩就立刻反駁：「那麼會耍心機啊，一說就狡辯，敢做不敢認啊！」曉文無話可說。

久而久之，整個寢室都疏遠曉文，刻意和曉文保持距離。現在曉文都不想回寢室，每次回去只能上床戴上耳機聽音樂……

曉文不知道怎麼辦？她開始下意識地把一切歸咎於自身，並開始懷疑自己的 EQ 和人格。

在日常生活中，我們可能會由於別人的不理解被人群孤立，這是不可避免的。因為我們不是鈔票，做不到人人都喜歡。但如果因此否定自己，那就叫蠢。而且，大多數情況下，人被一個強勢人物排斥，其餘的人也會選擇排斥你來保護他們自己 —— 但不要誤以為你已經和全世界為敵。這不過是你的對手為了虛張聲勢做出的障眼法。

面對對方的孤立，曉文痛苦萬分，甚至有放棄自己的想法，這完全是錯誤的。

曉文最需要的是調整心態，弄清楚自己最想要的是什麼。如果是朋友，班上同學那麼多，何必苦戀這幾個，放開心情，去追求更多的友誼吧；如果是學識，那麼就珍惜時間好好讀書吧，不要給自己的求學生涯留下遺憾；如果是快樂，世界那麼大，宿舍外的風景也依然多彩，何不出去看看呢！

被孤立不是我們放棄自己的藉口，它只會讓我們更加珍惜生命，更加珍惜自己的情誼。所以，不要因為被孤立就覺得自己做得不好，不要因為被孤立就輕易地選擇放棄。

八、善待自己有妙招

親愛的，外面沒有別人，只有你自己。唯有善待自己，才不會被這個世界所拋棄，只有做到不自欺，別人才會丟擲友誼的橄欖枝。

　　八戒的好吃懶做、好錢好色，這背後真正反映的是他對自己的接納和寬容。我可以取經，但你們不能讓我餓肚子；我可以殺妖，但你們也得允許我有色心。如果這兩個基本的需求都滿足不了，那取經還有什麼意義！八戒很清楚地知道，自己想要的究竟是什麼，也從來不會委屈自己。

　　現在很多人想要追求更多的名和利。在追逐的道路上我們一直望著前方，卻忽視了內心的煎熬和疲勞。是時候給心靈放個假了，是時候要愛惜自己了。

1. 給自己來一場心靈的旅遊

　　當你很迷茫時，不妨親近大自然。從自然中尋找靈感，從自然中尋找方向。累了就坐下來歇歇，渴了就買瓶果汁，困了就在房間裡休息。沒有人能強迫你，沒有人能催促你。

2. 翻開日記本，直接和心靈對話

　　這一天過得開心不開心，都可以記錄下來，然後進行總結。如果今天過得很自在，就繼續保持；如果今天過得很委屈，就尋找原因，及時調整……

3. 及時滿足自己的小需求，該出手時就出手

　　不管是衣服鞋襪，還是飯菜飾品，如果你想要，就別讓自己等太久。交易中沒有值不值得，只有喜歡不喜歡，如果你特別中意，就趕緊出手吧！

八戒的消極：惰性思維人人都有

一、八戒最消極

要說取經團隊中誰最不積極，我們想到的第一個人就是八戒了。八戒動不動就嚷著要散夥：你回你的花果山，我回我的高老莊，沙師弟回他的流沙河！有人做過統計，在《西遊記》小說中，八戒共說了九次散夥。

第三十回：黃袍怪將唐僧變為老虎，白龍馬要去刺殺黃袍怪卻被其打傷，八戒看見後對白龍馬第一次提出「散夥兒」。

第三十二回：孫悟空為了讓八戒去巡平頂山，故意流出眼淚。八戒認為悟空見到了連他都敵不過的厲害妖精，對沙僧提出了「散夥兒」的意見。

第四十回：唐僧被聖嬰大王擄走，孫悟空提出「散夥兒」，八戒急忙附和悟空。

第五十六回：孫悟空將幾個強盜的腦漿打了出來，把八戒嚇了一跳。急忙跑回去對唐僧報告，並要「散夥兒」。

第五十七回：六耳獼猴冒充孫悟空，在八戒、沙僧不在師父身邊的情況下，一棒打昏了唐僧。八戒、沙僧回來後，

以為唐僧死了，提出「散夥兒」。

　　第七十四回：師徒們到了獅駝嶺，太白金星變作老人前來傳遞消息，豬八戒得知三個妖魔的神通後，嚇得急忙回報唐僧等人說：「唬出屎來了！」並要求馬上「散夥兒」。

　　第七十五回：孫悟空被獅駝嶺大魔頭青毛獅子怪吞下肚去，八戒看見後，以為悟空死了，急忙跑回來告訴唐僧與沙僧，並要求「散夥兒」。

　　第八十一回：唐僧在鎮海寺得病，八戒便商量著賣馬賣行囊，買棺材給唐僧送終。最後「散夥兒」。

　　第八十二回：八戒聽無底洞的女妖說老鼠精要與唐僧成親，趕忙跑回山上對悟空與沙僧說要「散夥兒」。

　　透過這九次提議散夥，我們可以看出，八戒的散夥之心是貫穿前後的。一遇到厲害妖怪，八戒便會嚷著散夥；一遇到師父有難，八戒也會叫著散夥。

二、原來是惰性思維在作怪

　　八戒為什麼會有這樣的想法呢？為什麼一遇到困難，他就想放棄不幹呢？從心理學角度來講，這是他的惰性思維在作怪。

　　惰性思維是我們思維深處存在的一種保守的力量，表現為主觀依賴性嚴重，或者人生態度消極。通俗來說，就是

「遇到問題就躲，看到困難就想退」的思維方式。

看到這裡，你也許會對惰性思維有一個主觀印象：這是一種不太友好的思維模式，會把我們引向消極，引向逃避，我們應該盡量擺脫這種思維習慣才好。但是心理學家接下來的研究，卻會在你的心頭潑上一盆冷水：想擺脫它，根本是不可能的。

麻省理工學院的心理學家沙恩・弗雷德里克曾做過調查。他讓普林斯頓大學和密西根大學的學生回答這樣一個問題：一個球拍和一顆球，共 1.10 美元，球拍比球貴 1 美元，球是多少錢？正在看書的你，也可以參與一下，你不需要告訴我答案，只要自己心裡清楚就行。

現在我們就來看一下，兩座世界知名學府的學生們是怎麼回答的。50% 以上的學生都脫口而出：球拍 1 美元，球 0.1 美元。這個答案正確嗎？稍加思考，就會發現這是錯誤的，正確答案應該是球拍 1.05 美元，球 0.05 美元。

這到底是怎麼回事？知名學府的學生，居然連一道簡單的數學題都算錯，這實在太「打臉」了吧！我們有這樣的疑慮，沙恩教授同樣也感到好奇。於是他就在聲譽稍差一點的大學裡做了同樣的調查，結果發現錯誤率更高，有 80% 以上的學生直接給出了球拍 1 美元，球 0.1 美元的錯誤答案。

在這個實驗中，為什麼學生們會立刻給出球拍 1 美元、

球 0.1 美元的答案呢？因為 1.10 美元正好可以分為 1 美元和 0.1 美元，1.10 美元減去 0.1 美元，是 1 美元，這看起來像是球拍比球貴了 1 美元。所以他們很自然地就給出了這個答案。只要稍加驗證就會發現，這其實是錯誤的。但他們過於相信直覺，覺得這麼簡單的題不需要費腦子、費時間去思考。這正是惰性思維在作怪。

心理學家經過研究證明，人類大腦這套裝置中有兩個系統：一個系統是理性的，它能夠有意識地根據邏輯處理資訊，工作起來很慢；還有一個是「本能」的系統，工作起來快速、自動，很難掌控。前者是積極的、理性的，後者是消極的、惰性的。但是我們的大腦往往會選擇捷徑，運用本能系統來思考問題，這就形成了惰性思維。

所以，惰性思維是人的本能反應模式，並不是僅存在某些人的頭腦中，只要你還活著，就一定會受到惰性思維的支配或者侵擾。每個人都會有惰性思維，就算是世界知名學府的學生也不例外。

三、八戒的惰性思維

了解了惰性思維的理論後，我們再來看看豬八戒「散夥」的想法。豬八戒都是在什麼時候提出散夥的呢？無非就是料想師父遇害了，要不就是妖怪太強大自己打不過，覺得與其

白白送命，還不如回高老莊過太平日子呢。

我們從對抗黃袍怪這一難中，就可以清楚地了解八戒的想法。由於猴哥被師父趕走了，師徒三人遭遇黃袍怪時，毫無還手之力。沙師弟被捉入妖怪洞中，師父被施法變成猛虎，白龍馬雖有救人之心，但能力不夠，也被打成重傷。這時豬八戒在做什麼呢？

八戒對白龍馬說：「你要是還有力氣，就回東海吧，這行李我老豬就挑去高老莊了！」白龍馬一聽這話，立刻咬住八戒的袖子，不讓他走，眼淚汪汪地說：「師兄呀，現在危難關頭，你怎麼又要偷懶啦！」八戒反問道：「不偷懶怎麼辦，沙師弟也被妖怪拿住了，我又打不過妖怪，不散夥還能有什麼辦法！」

從這師兄弟的對話中，我們可以明顯看出豬八戒的態度是十分消極的。豬八戒遇到問題就想逃，看到困難就想躲，雖然這和他的能力不高有關，但主要原因還是他的惰性思維太嚴重。面對困境，不去想怎麼解決麻煩，而是想著自保。

四、允許惰性思維存在

按理說，取經團隊中是不應該有這樣的人的，這八戒功夫不怎麼樣，偷奸耍滑、消極逃避絕對是高手中的高手。一個團隊中有這樣的人，會對周圍人造成不好的影響，可是吳

承恩為什麼要安排這麼一個角色在取經團隊中呢？

我妄自揣摩一下，單從惰性思維這方面來說，其實豬八戒最像我們普通人。我們遇到問題，同樣也是常常在想怎麼躲過去，避免問題危害到自己。這是人的天性，我們無法消除它。

吳承恩老先生也是料到了這一點，所以他明確寫出豬八戒有消極逃避的毛病。團隊允許他逃避但卻不是縱容逃避，這從師兄弟對付豬八戒偷懶行徑的態度中就可以看出。

五、不縱容惰性思維猖獗

面對豬八戒的惰性思維，師兄弟是怎麼對付他的呢？其實可以總結出三個字 —— 不縱容。

在平頂山的時候，悟空想差遣八戒去捉妖，擔心師父護短，故意把眼睛揉得紅紅的，看起來就像哭了一樣。八戒一看猴哥這架勢，就料到妖怪厲害，又嚷嚷著分家了。悟空可不管他這一套，仍向師父提出了要八戒幫忙的請求。師父應允，八戒只好去尋妖了。

可是這八戒雖口頭答應，卻走出去沒幾步便倒頭睡起大覺來了。悟空早就料定八戒會來這招，於是故意和他作對。想睡覺，不成，變成啄木鳥，照著他的嘴唇一陣亂啄；想騙人，不成，當著師父的面，揭露他的罪行。可憐的八戒，偷一次懶，就弄得又是流血又是磕頭求饒請罪的。這還沒完，

欠下的總要補回來，沒巡的山還得繼續巡。

所以，對於八戒的偷懶行徑，師父和悟空都是不姑息的。

六、惰性思維人人都有

惰性思維在我們的現實生活中非常普遍。譬如碰到某件事的時候，我們想當然地以為，它就應該是某個樣子的，或者它就應該朝著某個方向發展，我們還總會以此為藉口，去怠慢進一步的思考。

其實從八戒的身上，我們或多或少都能看到自己惰性思維的影子。工作時間長了，熱情被消耗殆盡，慢慢地就開始疲倦了。每天一成不變地機械工作，又有幾個人能受得了？從週一開始盼週末，只要到星期五，心情就會明顯好轉，但一到星期日晚上，心情又跌入谷底；為了能不上班，甚至還期盼自己能生場大病……

據調查顯示：70%以上的 OL 感覺在工作中會精力不濟，甚至厭惡工作。職業倦怠已成工作常態。雖然這現象不如八戒的散夥來得鮮明，但卻是不容忽視的事實。

人們會情緒消極，厭倦工作，其實跟惰性思維有很大關聯。人們總是縮在自己的舒適圈內不敢挑戰，不敢突破，害怕出錯，也害怕麻煩，由惰性思維引發的一系列行為問題就出現了。

以前聽過一個笑話：每一個人心裡都有一個勤奮小人和一個懶惰小人，當我們猶豫不決時，他們就會打架。國小的時候總是勤奮小人獲勝，國中的時候他們就平分秋色了，高中時懶惰小人贏的次數漸漸增多，但是大學以後他們就不打架了，因為勤奮小人被打死了。

每個人或多或少都會有惰性，隨著惰性前進，我們就只能抵達悲哀。好在人類同時也具有理性，理性的思考能幫助我們從千頭萬緒中整理出有序的思路和計畫，並推動我們做到持之以恆。年齡增長，我們的惰性也會越來越強。怎麼戰勝惰性，堅持目標，就顯得尤為重要。在這方面，八戒不失為一個好的發言者。

八戒也是惰性思維的嚴重患者，但是在眾師兄弟的監督下他仍然能夠堅持完成取經路，修成正果。這也在啟示我們：當惰性思維猖狂，自己又沒有辦法壓制時，我們要學會借力，學會藉助周圍人的力量來減少惰性思維對自己的侵蝕。

七、減少惰性有妙招

正如我前面說的，惰性思維是一種本能選擇，我們無法百分百消除它，但是可以適當進行干涉，減少惰性思維對我們的侵害。

1. 向周圍人借力

這也是我上面所提到的，向周圍人尋求幫助。自己無法抗拒惰性思維，那就請旁人幫你解決吧。豬八戒用的就是這一招，只不過他是被動地借力，而我們是主動地借力。我們要請別人來監督自己，來激勵自己。比如遇到自己無法解決的問題，我們可以向周圍人請教；遇到自己想退縮的事情，我們可以多找朋友聊聊想法，從他們的支持和陪伴中汲取力量。

2. 勤於思考

心理學家認為：「只有勤於思考，善於對通常思維方式和傳統問題處理方法質疑，才能突破習慣性思維，在『困頓』中獨闢蹊徑。」過分依賴權威、害怕出錯、習慣於過去的思維方式，導致我們消極應對問題，一直處在惰性思維的惡性循環中走不出來。所以，我們要經常思考，多角度地看待問題，培養思維的批判性。

3. 做好準備，迎難而上

有時候我們之所以會害怕做某件事，不是我們做不了這件事，而是因為我們一直在逃避，若是之前有過做好這件事的經驗，那麼再次做的話是不會難倒自己的。所以，提前做好準備，把自己畏懼的、擔心的、害怕的可能會發生的事

情，現在可以當成挑戰都做一遍，那麼未來再次遇到類似的
任務和事情時你就可以做得如魚似水了。

　　如果害怕的事都挑戰成功了，你就會愛上充滿挑戰的任
務，你的惰性思維就可以有效地被減弱。

沙僧是個聰明人：做好自己照樣能成功

一、沙僧是個有大智慧的人

在西行取經的道路上，孫悟空無所不能，敢愛敢恨，讓人羨慕；豬八戒貪吃好睡，滑稽可愛，讓人喜歡；唐僧一心向佛，不沾女色，讓人欽佩；就連白龍馬也因為形象俊美，不辭勞苦，讓人讚揚。但是對於沙僧，人們卻沒有太多的印象。

網路上甚至流傳這樣的段子，用來取笑沙僧。說沙僧最愛說四句話，第一句：「大師兄！師父被妖怪抓走了！」第二句：「二師兄！師父被妖怪抓走了！」第三句：「大師兄！二師兄被妖怪抓走了！」第四句：「大師兄！師父和二師兄都被妖怪抓走了！」

雖然這有惡搞沙僧的嫌疑，但也能看出來，人們對沙僧的定位就是一個沒本事，只會跑腿和挑擔子的人，就算取經團隊中沒有他，好像也不會有什麼大礙。

但是，在我看來，沙僧是一個有大智慧的人，他是大智若愚。

二、照顧師父，無微不至

對於照顧師父和挑擔子這種工作，很多人表示看不起，觀音的指示是讓沙僧當唐僧的徒弟，一路降妖除魔，保護他去西天取經，可是沙僧卻做起了唐僧保母的工作，這也太會偷懶了吧！

但在這裡我要為沙僧平反。我們首先來看看取經團隊中都有什麼人呢？孫悟空一看到妖怪，什麼都不顧了；豬八戒一看到美女，魂都沒有了；師父唐三藏呢？空有一副好身板，卻肩不能扛手不能提，且一看到強盜猛獸，就會嚇得半死。這麼讓人不放心的師父，沒個職業保母能行嗎？

但問題是誰適合做這個保母呢？齊天大聖美猴王，還是別想了！好吃懶做豬八戒，還是算了吧！那就只能是本本分分的沙和尚了。

對於照顧師父，沙僧可謂相當細心了。唐僧師徒每到一個地方，沙僧都是擺放行李，安頓馬匹和師父後，才考慮自己的歇息問題。儘管這些事情煩瑣，但沙僧做得井然有序，從未出現疏忽和紕漏。

下面這個細節，足以說明沙僧對師父的關心細緻入微。在第五十七回「真行者落伽山訴苦，假猴王水簾洞謄文」中，當沙僧和八戒化齋回來，看到師父被假悟空打暈，昏倒在地時，沙僧是什麼反應呢？他先將師父扶正，用自己的臉貼

著師父的臉，替師父溫熱，還禁不住哭出聲來：「苦命的師父！」可能師父也感受到了徒弟的傷心，不一會兒鼻中就噴出熱氣，胸前也溫暖起來了。這裡，沙僧對師父的關心，顯得那麼真實和細膩，一點都不做作。

所以，讓沙僧做後勤保障工作，那是再合適不過了。也許是因為沙僧曾在天宮做過捲簾大將的緣故，取經路上的沙僧成為唐僧的貼身侍衛，不是沒有道理的。

三、堅守陣地還是闢疆擴土

現實生活中，我們每個人都想知道得更多，都想學得更廣。

是呀，這年頭就是追求綜合實力。唱歌的人開始演電視劇，演電影的人開始做導演。不僅娛樂圈如此，電商們也開始進行爭奪賽了。這一切似乎都在告訴我們：你不闢疆擴土，就只有被淘汰的份！

那我們到底是應該堅守陣地還是闢疆擴土呢？你有多大的力，就出多大的力。我們的精力有限，體力也有限。與其眉毛鬍子一把抓，不如專攻自己擅長的領域。

如果我們讓沙和尚去打怪，會有什麼結果呢？可能還沒打幾下沙和尚就被妖怪捉走了（小說裡也有這種情節），他連自己都保不住還談什麼保護師父！如果讓沙和尚像八戒一樣

滑稽可愛，好聽話、客氣話一籮筐，那誰去照顧師父呢！所以，做好自己，堅守陣地，有時候比闢疆擴土來得有價值。

四、暗中觀察，揚長避短

除了照顧師父無微不至外，沙僧揚長避短的功夫也是非常了得的。

還記得沙僧第一次隆重亮相嗎？那是在「八戒大戰流沙河」的環節。此時的沙僧還是個吃人的妖怪，所以我們就暫且叫他水怪吧。水怪一陣旋風，直奔唐僧而來，幸好悟空反應快，唐僧才免了一遭。

在流沙河岸上，八戒使出吃奶的力氣與沙僧大戰二十回合，仍是不分勝負。一旁好鬥的悟空看到這個場面，就按捺不住性子了，直接提起棒子就朝沙僧頭上打去，誰知沙僧一個轉身，撲通一聲，鑽進水裡了，直接讓悟空撲了個空。

和實力相差無幾的八戒，他敢大打出手；見到實力遠高於自己的悟空，卻立即躲避。我雖陸上功夫不如你們，但水上功夫比你們強。打不過你們，我直接躲到水裡，你們又能奈我何！就算你們在岸上怎麼罵我，我都裝作聽不著，你們拿我怎麼辦！沙僧的這一舉動，讓實力超強的悟空一點辦法也沒有。

沙僧不僅了解自己的長短處，而且也可以辯證地分析他人身上的長短處。還記得孫悟空與紅孩兒的那次戰鬥嗎？悟

空起先是占了上風的，要不是後來紅孩兒吐火，悟空肯定就贏了。敗下陣來後，悟空心裡很不爽，一味地把氣撒在八戒身上，只因八戒臨陣逃脫，不顧悟空死活。和八戒置完氣後，兩人就開始討論起紅孩兒的手段和火毒來。這期間沙僧一句話也沒說，只是靠著松根，呆笑著。

悟空很疑惑，我和八戒討論，沙師弟卻在笑個不停，難道他有對付紅孩兒的方法？於是悟空就詢問沙僧，沙僧卻說：「我也沒什麼手段，也不能降妖，但你們倆也是忙暈了頭了。」悟空進而問何故，沙僧說：「那妖精手段不如你，槍法不如你，只是多了些火勢，故不能取勝。若依小弟之見，以相生相剋拿他，有甚難處？」

是呀，手段、槍法是悟空的長處，但在紅孩兒的火陣面前卻失去了優勢。火自古要水來滅，在火面前，水就是長處了。有了沙僧的提醒後，悟空立刻就去找東海龍王借水去了。

雖說沙僧在取經團隊中，一直屬於不討好的角色，但在關鍵時刻，他能夠分清敵我形勢，幫助悟空認清敵我長短處，靈活應對戰鬥，也不失為一個好幫手。

五、做好自己照樣能成功

沙僧並不是不想衝鋒陷陣，而是他對自己的戰鬥力有清晰的認知。沙僧自知兩位師兄的本領都在自己之上，所以在

打怪這種事上，他能出力的地方的確不多，於是就安心地做起後勤保障來了。

當然沙僧在做後勤保障時，也時時盡心盡責。他不但負責師父的起居，而且在師兄打怪時幫忙出謀劃策，在師兄雙方鬧矛盾時調解衝突。他也是取經團隊中的「和事佬」、「小軍師」。

所以，不管處於什麼位置，能做好自己才是最主要的。沙僧不就是因為「登山牽馬」有功，被加封為「金身羅漢」了嗎？

六、做好自己才能遇到更好的人

曾經在網路上看到這樣一個故事：

有一個年輕人去買碗，到店後他順手拿起一個碗，然後與另一個碗輕輕碰一下，碗與碗相碰時立即發出沉悶、渾濁的聲響，他失望地搖搖頭。然後去試下一個碗……

年輕人幾乎試遍了店裡所有的碗，竟然沒有遇到一個滿意的，就連店長捧出的碗中精品，也被他失望地放回去了。

店長有點納悶，問他拿手中的這個碗去碰別的碗是什麼意思？他得意地告訴店長，這是一位長者告訴他的挑碗訣竅，當一個碗與另一個碗輕輕碰撞時，若能發出清脆、悅耳的聲響，那這一定是個好碗。

店長恍然大悟，拿起一個碗遞給他，笑著說：「你拿這個碗去試試，保證你能挑中自己心儀的碗。」

他半信半疑地依言行事。奇怪！現在的每一個碗都能在輕輕地碰撞下發出清脆的聲響，他不明白這是怎麼回事，驚問其詳。

店長笑著說，道理很簡單，你剛才拿來試碗的那個碗可能是一件次品，你用它試碗，那聲音必然渾濁，你想得到一個好碗，首先要保證自己拿的那個也是個好碗。

其實人與人相處，就如同拿一個碗與另一個碗碰撞，需要建立在真誠的基礎上，才能產生清脆悅耳的聲音。若總是帶著猜忌、懷疑抑或戒備之心與人相處，難免會得到別人的猜忌與懷疑。

其實每個人的生命裡都有一隻屬於自己的碗，碗裡盛著善良、信任、寬容、真誠，也盛著虛偽、狹隘、猜忌、自私……所以，我們需要慢慢剔除碗裡的雜質，才能收穫清脆美妙的聲音。不糾結，做好自己才能遇到更好的人。

七、如何做好自己

那我們如何才能做好自己呢？

首先，我們一定要有屬於自己的態度，每個人都有自己的處事方式，這來源於我們的性格，而你的命運如何也取決

於你的性格。如果你是一個脾氣暴躁的人，你更應該控制好自己的脾氣。不是說沒有脾氣就是好的，太沒有脾氣反而容易被人欺負，但有句話叫做「適可而止」。我們還是要擁有自己的態度，站好屬於自己的位置，不去越界，也別讓別人侵犯我們的世界。

其次，我們必須保持良好的心態去對待身邊的每件事。沒有人會喜歡一個總是自怨自艾的人，消極思想帶來的負能量讓人唯恐避之不及，反之，多往積極向上的方面發展，你能吸引更多的夥伴。當然做一個樂觀的人，並不是讓自己真的處於天真浪漫的狀態裡。你要知道，在這個現實的世界裡，你若太過弱小，便容易被遺棄。做人一定要思想成熟，才能在殘酷的競爭下立足。

再次，做事要問心無愧。我們做不到讓每個人都滿意，也別為了別人而總是去委屈自己，要保留自己的原則和底線，盡自己所能讓自己做到完美。

最後，不斷超越自我。我們最大的敵人就是自己，想要戰勝自己，自制力必須要強，想要擺脫失敗的自己，必須對自己嚴格起來。只要你肯對自己狠心，只要你堅信能自己改變自己，就沒有什麼不可能的事情。俗話說：世上無難事，只怕有心人。不要盲目行事，更不要輕易放棄自己。

唐僧拒絕了寇員外：
別讓「拒絕敏感」拖累了你

一、盛情難卻

取經路上，唐僧面對的誘惑很多，有美色、金錢與名利，還有安逸、享樂與舒適，在重重關卡面前，如何堅定自己的內心，做一個有始有終、不被誘惑的人，就顯得尤為重要。

唐僧師徒眼看就要到靈山了，看到天色已晚，便想在寇員外家借宿一晚。

寇員外一聽有僧人來，歡喜得不得了，枴杖都丟了，一路小跑出門迎接四人。看到唐僧師徒，寇員外也不怕他們長得醜陋，還畢恭畢敬、熱情地招呼他們進來，並親自做起了領路人，把他們引進上房落腳。這還不算，員外還對唐僧師徒說：「老師們請放心地在這住，讓我敬敬誠意，等到一個月後，我會安排車馬送老師上靈山。」

要說盛情款待，真的沒有比寇員外做得更好的了。唐僧看到寇員外這麼有誠意，也就沒有什麼好拒絕的啦。

二、一心想走

時間一天天過去，唐僧師徒無事可做，就是整日好吃好喝地被伺候，唐僧知道這樣下去不是辦法，就去向寇員外請辭。寇員外自然是不許的，就以「只等我做過了圓滿，方敢送程」為藉口留人。唐僧一聽也覺得寇員外所言有理，不能耽誤人家「做公德」呀，於是就又留下了。

可是唐僧一心想著雷音寶剎，就算暫時留下，心也是不靜的。於是剛過了三四天，唐僧又去請辭了，員外此時打起了人情牌：「老師，是不是我接待不周，怠慢了你們，你們才急於想離開呢？」唐僧趕緊搖頭否定：「不是的，員外的盛情，我們真的是難以回報。只是我承諾唐王三年可回，現在已經過了十四載了，我還沒有取到真經，心裡很是愧疚，希望員外能放貧僧前去，及早了卻貧僧的心願，待貧僧取回真經，再來貴府常住！」

員外見唐僧一心想走，也不好再說什麼，不過心裡肯定是極不情願的。夫人知道老爺的心思，也趕緊出來挽留，說願以針線活來供養師父們，希望師父們可以再住半個月。員外的兒子也出來湊熱鬧了，還說要以學費來養活師父們半月。

面對這種情況，唐僧是什麼態度呢？畢竟一家人都不想他們離開，如果執意要走，豈不是傷了和氣，鬧得雙方都不愉快。我們這樣想，唐僧可不這樣想，他堅定地說：「我今天

一定要動身，說什麼也不敢留下了，再耽擱下去，唐王會砍了我的頭！」

三、「拒絕敏感」知多少

唐僧難道沒想過他的這些話會讓對方很難堪嗎？不是的，唐僧知道他這樣會傷了這一家人的心。但是在他眼中，取經的重任遠比人情世故更重要，誰要阻礙或者耽誤他去取經，他都會毫不留情地拒絕。

但是決絕地拒絕別人的盛情邀請，這可不是一件容易的事。心理學中有一個詞叫「拒絕敏感」（sensitivity rejection）。什麼意思呢？就是一種不會拒絕，又怕被別人拒絕，無法自如地提出要求的心理狀態。

患有「拒絕敏感」的人，還有「老好人」、「濫好人」、「好脾氣」、「好好先生」等一系列稱謂。他們總是熱心助人，口碑好，別人找他們幫忙，他們從不拒絕，內心的苦水只有自己吞。這就是典型的「死要面子活受罪」的社交焦慮現象。

拒絕敏感者對資訊非常敏感。拒絕敏感者很容易察覺出來自親近之人的冷漠（往往從蛛絲馬跡中推斷，或憑空想像出來），而且會將種種跡象解釋為：對方故意拒絕自己。甚至他人毫無意識的表情和舉動，拒絕敏感者都會認為是在拒絕自己，這在他人看來似乎是莫名其妙的。

當真的被拒絕時，拒絕敏感者內心會自覺或不自覺地感到難受，可能會表達出一些過激的言詞，比如責怪對方，恐嚇要傷害對方等等。這將進一步激化雙方的矛盾，對雙方的關係或者心理健康更加不利。

那「拒絕敏感」是怎麼產生的呢？心理學研究發現有些人對他人的拒絕會產生過度的情緒及行為反應，他們總在焦慮地預期自己可能會被拒。在一些明明不好不壞、模稜兩可的情境中，他們更容易感覺自己會被拒絕。在這樣的認知狀態下，人們就容易形成「拒絕敏感」的人格特質。這種潛意識害怕被拒的感覺有可能和童年經常遭受父母的拒絕或者與以往的消極經歷有關。

四、「拒絕敏感」，在唐僧這裡根本不存在

說起「拒絕敏感」，我們再來看一下唐僧的行為。就算面對這麼大的人際壓力，他也沒覺得不好意思或難為情。沒有什麼可以阻止我西行的心。不管你使出什麼招數，我就三個字回應：不答應。

為什麼唐僧可以這樣理直氣壯地說出「不」呢？因為他很清楚自己想要的是什麼，他知道自己追求的是什麼。不管外面有多大的誘惑，有多大的福利，通通和他無關。他只關心自己的事，他只想完成自己的任務。外人盛情邀約，不行，

我還要去取經，不能留在這；旁人想用人情拴住我，想用安逸舒適迷惑我，不行，取經任務沒完成，一刻也不能耽擱。

所以，只要明確自己的目的，說出「不」就很容易了。

五、直接拒絕真的很難

現代社會有很多不好意思拒絕別人的人。能夠像唐僧這樣立場鮮明、實話實說的人，實在是太少了。

不知你是否有這樣的經歷：朋友要求幫忙的事需要花費很多時間、精力，明明讓我們很為難，甚至會影響我們自己要做的事，我們還是習慣性地答應了。明明是下班時間，老闆突然一通電話過來，讓你緊急加班，完成一項任務。你雖很不樂意，牢騷已經收不住了，但還是乖乖地接受了老闆的安排。

面對朋友與主管，我們不敢大聲地說出「不」字，因為我們害怕傷了情分，害怕丟了飯碗，所以我們只能為難自己了。

就算有的時候真的拒絕了，我們採取的方式也不是直截了當地說「不行」，而是費盡心機地編個理由，搪塞過去。比如：當你的朋友叫你一起吃頓飯，但你不想去時，你通常不會直接說「不想去」，而是編了個「有事情去不了」的理由；當與你久不聯絡的人突然聯絡了你，開口就讓你幫忙時，你並不情願，但是礙於情面，你會說「我最近有點忙，手頭的工作還有很多沒做，可能幫不了你」。

　　「找個理由」已不只是我們拒絕別人的方法，我們也會建議別人這樣做。比如聽到好友的抱怨：「這件事我真的不想幫他收拾了，好想把這個人封鎖啊！」我們會耐著性子，勸自己的朋友說：「找個藉口拒絕了吧。」

　　「找個理由」來拒絕別人已經成為我們的「金科玉律」。凡是不想做的事，我們都可以找個理由搪塞過去。可是我們為什麼寧願撒謊，冒著被人戳穿的風險也不敢直接拒絕別人呢？我們為什麼鼓足勇氣，猶豫了又猶豫，但終究把心裡真實的想法扼在喉嚨間？

　　這可能和我們的人情文化有關。有一句話是「人要臉，樹要皮」，在我們的文化教育中，直接拒絕他人，相當於駁人面子。

　　我們常會聽到對方說：「這點小忙都幫不了嗎？不給我這個面子是不是？」「就我們這交情，你就喝這麼點？不給我面子！」甚至有的時候，父母或朋友都得進來插一腳：「這件事還是幫人家辦了吧，不然多不給人面子……」

　　我們生活在「人情」的社會中，受到這樣的文化薰陶，自然不敢直接拒絕別人。但是我們並非無法改變這種情況。要想擺脫「不好意思」，我們必須明白自己的立場，面對真實的內心，善待現在的自己。

　　就像唐僧，他知道要是他再不走，心理上的焦慮就會日

夜折磨著他，讓他吃不好也睡不好。與其這樣身心摧殘，還不如直接說出那個「不」字。雖然員外可能當場掛不住臉，但是事後冷靜下來，應該也會理解他的行為。所以，面對自己的內心，把自己的真實想法說出來，才不會被「拒絕敏感」拖累。

六、「只要說出來就好」

小蕊在臺北工作沒多久，收入勉強能填飽肚子。可是在老家的人面前，她總覺得不能「丟臉」，於是每次打電話給家裡，她都說自己的收入很高，在臺北過得很好，讓家人不要擔心。

有一天，一向疼她的姑姑打電話說要來臺北看她。對於姑姑的到來，小蕊當然是很歡迎的，可是一想到自己的收入有限，姑姑一來不就穿幫了嘛，她就開始焦慮起來。但是這份苦只能往肚子裡咽，不能跟別人說。小蕊在電話中信誓旦旦地表示要帶姑姑去吃最有名的小吃，還要遊遍全臺北。

姑姑來到臺北後，小蕊就陪著姑姑各處轉了轉。等到了吃飯時間，小蕊身上只剩下 500 元，這已是她所能拿出招待姑姑的全部了，她很想找個路邊攤隨便吃一點，可是姑姑卻相中了一家很體面的餐廳。

小蕊沒有辦法，只得隨她走了進去。她們坐下後，姑姑開始點菜，她每點一份昂貴的菜，都徵詢一下小蕊的意見，小蕊雖然心裡反對，嘴裡卻只是含混地說：「隨便，隨便。」

　　此時，她的心裡已經七上八下，放在口袋中的手緊緊抓著那張 500 元鈔票。可是姑姑好像一點也沒有注意到小蕊的不安，她不停地誇讚著可口的飯菜，小蕊卻什麼味道都沒吃出來。

　　最後的時刻終於來了，彬彬有禮的侍者拿來了帳單，直接向小蕊走來。小蕊張開嘴，卻什麼也沒有說出來。

　　姑姑溫和地笑了，她拿過帳單，把錢給了侍者，然後盯著小蕊說：「孩子，我知道妳的感受，我一直在等妳說『不』，可是妳為什麼不說呢？要知道，有些時候一定要勇敢地把這個字說出來，這是最好的選擇。」

　　是呀，勇敢地說出「不」，有時候是我們最好的選擇。可是這個「不」字實在是太難開口了，尤其是面對親人的時候。小蕊心裡清楚自己的經濟狀況，可還是一個勁兒地打腫臉充胖子，還不是害怕親人笑話自己，看不起自己。我們把自己的面子看得過重，往往就要承受「有臉面」背後所帶來的壓力。

七、善待自己有妙招

　　也許有讀者覺得我是站著說話不腰疼：人情世故誰能逃得了，如果有親人或朋友向你求助，你要是直接回絕，換來的可不是諒解，有可能就是抱怨甚至絕交。另外，誰還沒有無助的時候呀，這次你向別人伸出援助之手，可能下次就換

作你去求別人了。所以，別太小家子氣，別動不動就回絕，否則到時候你哭都沒地方哭⋯⋯

　　的確，人情世故，你來我往，這是每個人都逃不了的處事規則。但是如果發展到「拒絕敏感」，就不僅僅是人情世故，而是人際病態了。我們要做的就是在適當的時候說出自己的想法，把自己的人際交往放在可控的範圍內，而不是一味地委屈自己，討好別人。

　　唐僧可以勇敢地說「不」，難道他就不是一個有人情味的人了嗎？不，他還是一個很受人歡迎的高僧；小蕊不敢說「不」，難道她就是一個很懂事很會做人的人了嗎？也並不是。不敢把自己的想法說出來，這其實是軟弱膽怯的表現，我們可能還會有點看不起她。

　　所以，把人際交往限制在可控範圍內，別讓「拒絕敏感」拖累你，這才是我們真正需要做的。那我們究竟該如何做呢？

1. 明確自己的立場

　　我們只有堅定自己的立場，才能做到有選擇地放棄。就像唐僧一樣，他明白自己想要的是什麼，所以才勇於拒絕寇員外一家的熱情邀約。這點放在我們常人身上，也同樣適用。立場就相當於方向，方向明確了，心裡自然就會有桿秤。哪些該做，哪些不該做，也就很明瞭了。

那我們該如何找方向呢？如何給自己一個清晰的定位呢？這就是我接下來要談的主題，我把它稱為「找回迷失的自我」。

2. 找回迷失的自我 —— 石頭的故事

一個人沒有自己的判斷標準，也不敢表達自己真實的內心，他的所作所為都以外在的評價來衡量，別人說他做得好他就跟著高興，別人說他做得不好他就會深深地自責、內疚。讓這類人說出否定的話那簡直比登天還難。所以，他們現在必須要做的就是找回迷失的自己。

自我的迷失，就像是一顆小石頭被扔進了一堆雜亂無章的石頭中一樣，它很難被發現。那麼，怎樣做才能發現自我，或者重新找回自我？

自我對於我們來說是無形無體、不可見不可觸控的。這裡向大家推薦我創作的技術 —— 石頭的故事。這個技術我已經使用六七年了，我的很多學員都應用過，學員對此的評價也都很高，所以推薦給大家。

「石頭的故事」，顧名思義，就是和石頭有關的故事，只不過這個石頭不僅是指自然界中真實的石頭，也是我們內心的自我象徵。技術的具體操作流程如下：

◆ 收集一堆形狀各異、大小不同的石頭，最好有 20 顆以上，洗乾淨。

◆ 找一個安靜的獨處時間，把這堆石子放在自己面前，先和它們靜靜相處 10 分鐘。

◆ 體會自己的內心，當內心逐漸平靜下來後，在這堆石頭中尋找一顆小石頭，這顆石頭將代表你的自我。

◆ 當你找到這顆石頭，這代表自我被重新發現。這個時候，它就像是一個新生兒一般，需要人來肯定其存在，以獲得安全感。所以，你要幫它取一個名字。取名的意義，代表接納自我的回歸，確定它的存在，並正視它，和它溝通。透過這些步驟，你可以逐漸找到讓自己迷失的原因，並著手修復和完善。

◆ 與這塊石頭溝通，可以和它對話，問你想問的所有問題，包括你的理想，也可以寫一封信給它。

◆ 如果你願意，把它放在一個安全的地方，讓它成為你的朋友，在你需要的時候和它聊聊天。或者僅僅是看著它，注意它，體會它的存在。

第二章　安定我們的心

「心若沒有棲息的地方，到哪裡都是在流浪。」

三毛的這句話寫出了大多數人的心聲。燈紅酒綠、錢權美色，一個個都在侵蝕著我們的心靈。此時此刻，很多人都在尋找，要如何安定自己的心，守住內在的淨土……

在《西遊記》中，唐僧的三個徒弟正好對應了他的三種「心毒」：悟空是嗔念，八戒是貪念，沙僧是痴念，而白龍馬代表唐僧的意念，他對這四個人的態度，正好對映了他的安心之道。

孫悟空是唐僧的「情緒自我」：想定心，必先讓情緒舒服

一、定心真言來也

唐僧一生信佛，不願隨便殺生；悟空疾惡如仇，看見壞人就想除掉。這兩個人一起處事，爭執分歧肯定是免不了的。但這兩個人又有一個共同特點，就是脾氣暴躁。唐僧一聽悟空殺人，就對他一頓數落；悟空一聽唐僧罵他，就駕著觔斗雲跑了。

取經路途遙遠，兩人還都是這種直脾氣，怎麼才能團結一心？如何來定心呢？觀音菩薩就出招了，給你們來個定心真言——緊箍咒。

緊箍咒其實是定兩個人的心。唐僧不是喜歡教訓悟空嗎？現在你不用罵，直接唸咒，可以發揮一樣的效果；悟空不是聽不了別人的訓嗎？現在不讓你心裡難受，換成你身體受折磨。

二、想定心，要讓情緒舒服

有了定心真言，唐僧師徒真的就收斂脾氣了嗎？其實不盡然。「三打白骨精」就是一個證明。

　　唐僧一連唸了三次緊箍咒來阻止孫悟空，每次看著孫悟空疼得渾身是汗，連口求饒，他心裡是又急又氣又不忍，百爪撓心啊！但即便如此，倔猴子再遇到妖精變的人，還是一副舉棒便打、死不悔改的樣子，氣得唐僧乾脆眼不見心為淨，發了狠話，寫了一紙貶書把他趕跑了，而唐僧自己心裡，卻是亂上加亂。

　　唐僧並沒有因為「定心真言」而改了罵人的脾氣；悟空並沒有因為「定心真言」而對師父的態度有任何改觀。在此番較量中，孫悟空雖消滅了妖怪，但卻失去了唐僧的信任；唐僧雖趕走了悟空，但卻把自己置身於更危險的境地。可以說，這是兩敗俱傷。

　　看來，想「定心」，單靠「定心真言」這樣的外力是產生不了多大作用的。那麼，有效的做法是什麼呢？第一步，是先讓情緒舒服。

三、弄清楚「情緒腦」，情緒才聽話

　　我們要想讓內心穩定、平和，少一些失控的狀態，就要有自我定力，通俗點說，就是要有情緒管理能力。而我們的情緒，從腦神經科學上講，是「情緒腦」對資訊進行處理並產生認知的結果。

　　情緒腦依據什麼進行資訊處理呢？這就要從生理基因說起。

　　人類大腦是一個三層包裹的結構。裡層是負責基本生理活動的腦幹，俗稱本能腦，是大腦最基本的單位，掌握著人類各種最基本的生理需求。由於此處與爬行動物腦有很多相似之處，因此又被稱為爬行腦。中間層是邊緣系統，負責喜怒哀樂等基本情緒的產生，是人類的情感中心，因此俗稱情緒腦，又稱哺乳腦。最外層是令我們得意的大腦皮層，即負責高級認知的理性腦，它控制著所有高級、有序的抽象邏輯思維。

　　許多人一看情緒腦排在理性腦的內層，便誤認為情緒腦的功能不夠強大。事實上，情緒腦處理資訊的速度是理性腦的 50 倍，也就是說，同樣是參加賽跑，當理性腦還在慢悠悠地等著發令槍響時，情緒腦早已飛快地跑起來了！所以通常情況下，情緒腦在我們生活中的很多時刻，尤其在做決定時，發揮著主要作用。

　　情緒腦最根本的任務，當然是幫我們製造情緒了，它是能否讓我們定心的最關鍵的因素。而想搞定它，首先就要摸透它的兩大特點：

　　一是它有選擇性，只對兩類資訊進行處理：喜歡和不喜歡。因此我們就會產生兩類情緒：一類是喜歡並接受，一類是不喜歡並排斥。比如得到表揚了，就會高興；遭到批評了，就會生氣或者難過。

二是情緒腦對資訊的處理有兩類標準：對個體生存有利或者對個體生存不利。這兩類標準，直接決定了情緒腦的認知結果，也決定了我們情緒的外在表現。比如被別人關愛的時候，我們一定是滿足和開心的；而遇到生命危險時，我們必然會非常恐懼。當做某項工作被信任時，我們會更加興致勃勃、情緒高漲；而當遇到否定自我價值的事時，我們就會憤怒或不滿。

講了這麼多理論知識，我本意是想說最後這句：當我們用情緒腦熟悉和喜歡的思路來「餵養」情緒時，它們才會被我們管得服服貼貼、舒舒服服的。

四、悟空是唐僧的「情緒自我」

到底該怎樣管理情緒呢？有趣的《西遊記》已為我們出了主意，幫我們找到了駕馭它的好思路。

我們知道，《西遊記》是根據唐代玄奘西行求法的故事改編。也就是說，在整部小說中，只有唐僧是真真實實存在的，其他的人物都是杜撰出來的。那作者為什麼要這樣寫呢？我覺得可能有兩個原因：一是告訴我們，取經路上磨難重重，只有克服這些困難，才能取得真經；二是取經是一個大工程，只有誠心、意志堅定的人才能完成。

佛教認為，人類的種種苦難（如煩惱、爭鬥等）主要來源

於自身的貪慾心、怒心和愚痴心，即所謂「三毒」，這也是人類身、口、意等一切惡行的根源。貪慾就是對名聲、財物等自己所愛好的東西沒有滿足；怒氣，也就是嗔念，就是憎恨不合自己心意的人、事，從而使自己身心不得安寧；愚痴就是愚昧無知、不明事理。

為了表現取經路途的艱難，吳承恩老先生創作出了西行路上的各種妖魔鬼怪，即九九八十一難；為了表現取經人的心誠志堅，老先生安排了三個弟子，分別代表人性中的嗔念（孫悟空）、貪念（豬八戒）、痴念（沙和尚）。

西遊記的一個精妙之處，就是讓孫悟空象徵唐僧的嗔念，即唐僧的情緒自我。

什麼是情緒自我呢？簡單來說，就是在我們情緒腦產生的眾多情緒中，由內而生，而不是靠外界引發的那部分。社會心理學家黑茲爾・蘿絲・馬庫斯認為，諸如憤怒、沮喪和自豪等情緒都與獨立我有關，這種情緒體驗更多地來自個體自身內部，故被稱為「情緒自我」。相反地，悲傷、內疚以及愛與歸屬感的情緒體驗更多地來自社會、他人等外在因素，故被稱為「情緒他我」。

情緒自我是一個人最穩固、最基礎的情緒，是情緒管理的核心部分。

五、師徒關係緊張，
是因為唐僧對自己的情緒自我不夠好

唐僧的情緒自我是什麼樣的呢？或者說孫悟空的個性反映了唐僧什麼樣的情緒？這就要從唐僧和孫悟空的關係說起。

唐僧從五指山救下孫悟空後，師徒倆一路相伴，相安無事，這是唐僧和情緒自我的正常相處。但是當孫悟空不聽唐僧的話，殺死六個強盜時，唐僧就開始對情緒不滿意了，如責怪孫悟空手段太殘忍。但是情緒並不是那麼容易控制的，孫悟空一氣之下回到花果山。唐僧沒辦法，只能對「情緒」下咒語：緊箍咒。只要情緒（孫悟空）反抗自己，他就開始唸咒語來壓制。

其實我們仔細想一下，好像在整部西遊記中，能讓悟空發火的，除了妖魔鬼怪，就只有唐僧了；能讓唐僧發火的，也只是悟空一人。

他們二人除了表面上的師徒關係外，更有趣的則是一個人與他的情緒自我的關係。唐僧對悟空的管理能力，就是對自身情緒的處理能力。而一味用緊箍咒這種外力來壓制自己的情緒，顯而易見，這是生硬和缺乏智慧的，因為它壓根就不符合情緒的需求和口味。情緒所需要的「喜歡」、「對生存有利」這一類東西，在緊箍咒這個方式上，一點都沒有展現

出來。所以，這個方法也就注定了即便當時奏效，也只是短時而已，從長遠來看，必定是收效甚微，甚至會產生反效。

六、師徒關係變了，情緒舒服了

唐僧僅僅依靠緊箍咒（外在），雖然能減緩悟空的脾氣大暴發，但是並不能從根本上制止悟空的怒火；悟空雖然對緊箍咒有所懼怕，但是在關鍵時刻，還是手起棒落，威風凜凜，讓人奈何不了他。

那麼應該怎麼辦呢？既然外力不行，那就需要從內在找方法，即從情緒的喜好入手想辦法。吳承恩老先生就給了唐僧這樣一個機會，讓他進行內在反省，從根本上意識到自己的問題，並找出對策。

話說孫悟空被唐僧趕走後，妖怪就開始興風作浪了，黃袍怪把唐僧變成老虎關起來了。於是寶象國的眾人都認為唐僧是妖怪，黃袍怪是好人。這時的唐僧（老虎）在偷偷落淚，是在為自己叫屈，也是對悟空的懷念和對自己的悔恨。如果自己當初聽悟空的話，也不至於被人當成妖怪關起來，說不定現在被關在籠子裡的就是那個可惡的妖怪了。可憐啊！可恨啊！

這裡要注意，唐僧吃了大虧，內心就生出了一個新的成長點，開始意識到自己原來對情緒的管理方式不當，開始思

索更恰當有效的管理方式。他意識到自己錯了，從內心裡開始反思自己的行為。大徒弟本領高強，自己有眼無珠，居然幫助妖怪，現在落到這步田地，真是活該呀！我以後一定要聽悟空的話，悟空說他是妖怪，那他一定是妖怪；悟空說不讓我去哪，我就堅決不去哪！

有好的自我意識，就有了好的起點。當悟空把唐僧恢復人形，轉身要走時，唐僧立刻向悟空認錯。這對唐僧來說，其實是很難的，畢竟他是師父，在公眾場合，向徒兒認錯，多少有點掉面子。但是唐僧不在乎這些，為了挽留悟空，為了表明內心，他承認了自己的錯誤並向悟空認錯。

從《西遊記》後面的章節來看，唐僧的這次認錯具有里程碑式的意義。從此以後，唐僧開始控制自己對悟空的不滿，對悟空的怨言也越來越少，緊箍咒也很少再唸了。一遇到不尋常的情況，唐僧對悟空也是聽之信之。當然悟空在師父的感召下，也不再草率魯莽，雖然偶爾對緊箍咒還有怨念，但是經過十四年的磨礪，悟空的定力已經有明顯好轉。

實際上，後面所發生的一切好變化，本質就是唐僧對悟空，也就是對自己的情緒自我，開始用對方喜歡的態度和方式來行事了，也可以說，他開啟了內在掌控模式。

七、想定心，就要慢慢學會和情緒相處

情緒本來就很難控制，如果我們在修行的過程中太急於求成，不能按部就班地一步一步來，那往往也不會有什麼大的效果。唐僧管理悟空，也就是管理自己情緒的方法，無外乎有兩個：外在的緊箍咒和內在的掌控。雖然方法不多，但是運用且檢驗的時間可是不短。

緊箍咒出現在什麼時候呢？小說中的第十四回。那時唐僧剛收了悟空為徒，其餘徒弟還沒有出現，也就是說唐僧很早就意識到了自己的情緒問題，並且立刻找到了解決方法。但唐僧是什麼時候發現這個緊箍咒沒有效果呢？小說中的第二十七回，白骨精出現的時候。也就是說吳承恩老先生用十二回的時間檢驗了緊箍咒的效果。既然知道緊箍咒不好使，那就趕緊另尋他法呀，那內在掌控模式出現在什麼時間？小說第三十一回，唐僧被變成老虎後。這中間又停留了三回。當然直到小說一百回終結，師徒修得佛身後，內在掌控模式都一直在發揮主導作用。

所以，當我們對情緒沒有方法時，我們會感覺一切很難，但是當我們有了方法，並對這個方法進行驗證，考慮如何運用它時，這更難。師徒兩人用十二回的時間證明了緊箍咒的效果不大，用三回時間找到了內在掌控模式，用大約七十回的時間檢驗了內在掌控模式。

當然，這只是表面上的演變過程。只有經歷了無數次爭吵衝突，才能建立起讓彼此舒服的相處模式，這正是漫漫取經路的用意。要想定心，我們還需慢慢來。

八、壓抑是現代人的情緒大忌

透過定心真言和內在掌控法，唐僧修得了定心的真本領。對於我們普通大眾來說，定心也是每個人苦苦尋求的，是每個人想要擁有的。

俗話說得好：心病還需心藥醫。我們要想給心靈一方淨土，就需要弄清楚，自己的情緒問題到底出在哪。

不知道你是不是也有這樣的經歷：當自己因為別人的錯誤而憤怒時，我們會強迫自己別發火，讓自己多考慮考慮別人的感受，還安慰自己說人家也很不容易的；當自己悲傷時，我們會強迫自己咬破嘴唇也不能哭出聲，因為心裡覺得沒人會同情弱者；當感受到別人的溫暖時，在一瞬間的淚奔之後，我們會馬上對自己說，別受了一點點好處就恨不得把心掏出來，這樣做是很幼稚的，人家根本不需要……

如果你是這樣做的，爽或者不爽的感覺，你自己心裡有數，但是從我多年研究心理學的角度看，你注定是不爽的，很簡單，因為你一直在壓抑自己的情緒。

情緒就像一個孩子，當它有了憤怒卻不能表達，有了悲

傷卻不能放聲哭泣，感覺溫暖又不能被別人知道時，你認為它會乖乖聽你的話，自己退回去，安分守己嗎？一定不會！看看孫悟空我們就知道了：唐僧責備悟空，悟空就負氣離開了；唐僧想用金箍控制悟空，悟空就舉起棒子想要殺他。所以，當我們用「說理」這種方式來對待情緒，不斷說服它、壓制它時，這只會讓它變本加厲地來折騰你，讓你變得越來越憤怒，越來越悲傷，越來越和別人疏遠，直到把你折騰個夠。

哪裡有壓制，哪裡注定有反抗。悟空和唐僧的關係就是活生生的例子。所以，我們越壓制情緒，它就越想要突破牢籠，釋放自己，最終當它以一種你意想不到的方式表達出來時，你已經控制不了它了。你不再是情緒的主人，反而成了它的奴隸。

九、釋放情緒才有生路

曾經有一位叫雯子的來訪者找我諮商。雯子是外企的一名 OL 高管，在公司可謂是「一人之下，千人之上」。在外人看來，她總是一副春風得意的模樣，雖然離過婚，有個 8 歲的兒子，但這似乎並沒影響到她的心情和事業。

不過只有她自己知道，每個晚上，她都要靠酒精和安眠藥才能入睡。週末和節日是她最害怕的，雖然可以呼朋引伴去消費放縱，但過後的空虛讓她更難受。已經得到了人人羨

慕的地位和財富，也不乏追求者，但是當每個人都說「妳好幸福」時，她卻對我說出唯一的真心話，「我想我是再也快樂不起來了」。

雯子的問題出在哪兒呢？就是典型的情緒壓抑。婚姻破碎、母子分離，這對任何一個女性來說，都是很大的打擊，難免會有不良情緒，但是雯子卻把這些不好的情緒全部壓在心底了，她每天用精緻的妝容和美麗的微笑來面對別人。按心理學的說法，這實際上就是一種防禦，她在花費大量的心理能量來防止自己情緒失控。但是她真的壓住了嗎？顯然沒有，這種表裡不一的狀態，正一步步把她逼到崩潰邊緣。

看到她對自己的情緒這麼高壓管控，我建議她用「情緒畫」來釋放一下，她答應嘗試一下。「情緒畫」這種心理治療方法，專用於宣洩不良情緒，尤其適合那些高度管控情緒、不願用言語來表達的人。

每週，她都堅持畫幾張情緒畫。在看那些畫的過程中，雯子發現自己的心理空間是一個比例失衡的空間，在自己的畫中，她大量地選擇了一些黑色和灰色，並且把這些顏色大片大片地塗抹在畫紙上，就像一團團暴風雨來臨前的黑雲。

以前她對自己內心的情緒從沒做過辨別，現在看著眼前的畫，她恍然大悟，原來選擇灰暗顏色，是說明自己內心有

很多負面情緒，並且哪種顏色為主，說明相應的情緒已經占據了自己情緒空間的大部分位置。她的畫呈現最多的就是悲傷，雖然在生活中，悲傷已被她很好地掩飾了，但是在畫紙上，它們卻無所遁形。

「前夫是一個沒用的人，一輩子窩囊，事事都不如我，但他居然為了一個不起眼的女人背叛我，他用離婚羞辱我，我恨他，我絕對不會讓他看到我哭……」嘴上這樣說著，雯子卻留下了悲傷的眼淚，這是離婚後她第一次哭。

後來雯子不停地向我訴說她的心情，雖然知道她很痛苦，但我也了解，如果這些話不能倒出來，那些不好的情緒就會始終壓在她的心裡，就像隨時都可能爆炸的炸彈。只有不再壓抑，才有生路。

十、「餵養」情緒有妙法

前面我們已經提到，當我們用情緒腦熟悉和喜歡的思路來「餵養」情緒時，它們才會被我們管得服服貼貼、舒舒服服的。唐僧透過定心真言和內在掌控法來餵養情緒，作為普通人的我們，既沒有觀音菩薩相助，也沒有黃袍怪來作難，唯有自救才能從情緒牢籠中走出來。

那如何自救呢？說白了，就是情緒要什麼，我們就給什麼！情緒想發洩，我們就給它管道；情緒想平靜，我們就給

它空間；情緒想哭鬧，我們就給它機會。

當然各位不要誤會，我們的給並不是無條件地給、無限制地給，別忘了我們最終的目的，是管理情緒，是定心。亞里斯多德說過一句話：「任何人都會生氣，這沒什麼難的，但要能在適當的時間、適當的場所，以適當的方式對適當的對象適當地生氣，可就難上加難。」這句話聽上去有點繞，其實說白了，就是告訴我們，餵養情緒是有講究的，需要天時地利人和，需要聰明智慧。

唐僧利用「緊箍咒」這種簡單粗暴的手段來壓制情緒，並沒有產生顯著的效果，反而還招致了悟空的憎恨；當唐僧意識到自己的問題後，他才開始不再干涉悟空，不再壓制悟空。這樣久而久之，唐僧也不再發火了，悟空也不再反抗了，師徒倆開始了和諧共處。

所以，「餵養」情緒也是很講究智慧的，那我們究竟該如何做呢？這裡跟大家介紹幾種非常有效好玩的小方法：

1. 放飛機

把自己的負面情緒寫在紙飛機上，然後把它放飛。這個過程看著簡單，實際是有科學的心理學原理的。這個原理就是：人們越相信一個想法真的被丟棄了，它才越有可能成功。所以讓我們用一架紙飛機來「丟掉」自己的壞情緒，讓它被丟到盡可能遠的地方吧！

2. 情緒畫

　　上面的個案已經提過這個方法了。把繪畫作為宣洩情緒的工具，實際是因為它能很精準地反映出我們心裡被壓住的，甚至連自己都不清楚的潛意識中的資訊。不管是潑墨也好，塗鴉也罷，所有呈現在畫紙上的內容，都是我們情緒湧動的反映，說白了就是情緒的「相片」。這個方法尤其適合那些壓抑過度的人。

3. 舞動心靈

　　提到「舞動」一詞，貌似有些高大上，實際很簡單，就是在心情不好時，隨意地揮動手臂，讓自己動起來。很多人都唱過一句歌詞，「感到幸福，你就拍拍手」，那感到不快樂、不幸福、不爽時，我們為什麼不能同樣跳起來、動起來呢？別忘了情緒就是孫悟空，情緒就是小孩子，學會安撫它，是心意，更是智慧。

「六賊」是六種欲望：
從「偷心小賊」到「育心衛士」

一、六賊來也

孫悟空象徵著唐僧的情緒自我，唐僧收了孫悟空為徒後，說明他正式走上了心理成長的道路。

孫悟空剛為唐僧掃除了外部的危險，打死了一隻猛虎，之後又在路上遇到了六個強盜。這六個強盜是攔路搶劫的山大王，專門搶劫過路人的錢財，如果有人反抗，不留下財物，他們就要殺人，可見其猖狂、凶殘程度。

這六個強盜就象徵著道家中的「六賊」，那麼這六賊究竟是哪六個呢？分別是眼看喜、耳聽怒、鼻嗅愛、舌嘗思、意見欲、身本憂。

眼、耳、鼻、舌、身、意是生理學上的神經官能。眼有視覺神經，耳有聽覺神經，鼻有嗅覺神經，舌有味覺神經，身有觸覺神經，意有腦神經，這些都是心與物的根本媒介，所以稱為「六根」。

佛教認為：色聲香味觸法六塵，以眼耳鼻舌身意六根為

媒，自劫家寶，故喻之為賊。有道之士，眼不視色，耳不聽聲，鼻不嗅香，舌不嘗味，身離細滑，意不妄念，以避六賊。所以，這六賊相當於人的六種欲望、六種需求，也就是眼要觀，耳要聽，鼻要聞，嘴要吃，舌要嘗，身要生存，心要享受。

二、六根不淨，招惹六賊

也許大家會有疑問，孫悟空是石頭裡蹦出來的，身無牽掛一身輕；而唐僧是得道的高僧，出家人最講究心如止水、六根清淨，這兩個人和「情」、「欲」扯上關係，未免也太荒唐了。

我們其實可以從原著中找到答案。《西遊記》第十三回裡唐僧曾經說過：「心生，種種魔生；心滅，種種魔滅。」唐僧是在什麼狀態下說出這些話的？當時唐僧剛離開長安，一兩天後，到達法門寺。法門寺的和尚聽說三藏要去西天取經，有的說水遠山高，有的說路多虎豹，有的說峻嶺陡崖難度，有的說毒魔惡怪難降。三藏不說話，只是點頭，並用手指心。和尚們不明白三藏的意思，問道：「法師指心點頭者，何也？」這時，三藏說了這句充滿禪機的話：「心生，種種魔生；心滅，種種魔滅。」

所以，在唐三藏看來，那些妖魔鬼怪都是由於心不靜才招惹出來的，只要自己六根清淨，就不存在什麼妖魔。沿用

這樣的思路，我們很自然就會聯想到，唐僧是由於自身的六根不淨才招來了六賊。

唐三藏作為得道高僧，為何會六根不淨？這要從他的經歷講起。玄奘從小在寺廟長大，由於悟性極高，沒吃過什麼苦就坐上了主持的位置。

人都有七情六慾，這既是人的靈性之處，也是其軟肋所在。玄奘日日與佛經相伴，雖說不沾染塵世，看不出有什麼喜怒哀樂。但是身而為人，就逃不出欲望的圈子。一頓飯不吃也會餓得慌，心情不順時也會有怨氣。

況且當時的玄奘只有 25 歲，心性各方面的修練不是很成熟，面對名利財富、困難障礙，心中難免會有點波瀾。所以，離開寺廟這種紀律森嚴的環境，唐三藏的六賊就出現了，六種欲望開始活躍起來。

原著第四十三回，孫行者就點出了唐僧「六根不淨」。悟空說：「你如今為求經，念念在意；怕妖魔，不肯捨身；要齋吃，動舌；喜香甜，嗅鼻；聞聲音，驚耳；睹事物，凝眸；招來這六賊紛紛，怎生得西天見佛。」

論述了唐僧的「六根不淨」後，我們來看看孫悟空，孫悟空怎麼也和六賊扯上關係了？因為六賊代表的是六種欲望，「心猿」象徵著唐僧浮躁的內心。我們知道，猿猴的心是癲狂的、放蕩的、乖劣的，因此心即是猿，心即是魔。心猿和六

賊同屬一體，所以孫悟空剛加入取經團隊時，就和六賊碰面了。《西遊記》第十四回的章目「心猿歸正，六賊無蹤」也說明了這個道理。

三、心猿打死了六賊

雖說心猿和六賊同屬一體，但是浮躁的內心是可以平靜下來的，而身而為人，六種欲望卻是規避不了的。只要我們有眼睛，就能看到美與醜；只要我們有耳朵，就能聽到安靜與喧鬧。且這六種欲望也會攪得心猿不得安寧。

悟空打死了六賊，實際上是除去了唐僧的六種欲望，還記得唐僧剛碰到強盜時的反應嗎？強盜一席話：「那和尚！那裡走！趕早留下馬匹，放下行李，饒你性命過去！」就唬得三藏魂飛魄散，跌下馬來，不能言語。這唐僧也太沒用了，遇到幾個毛賊都能嚇成這樣，如果碰到吃人的妖怪，豈不是要嚇死過去了。

此時悟空大顯身手，一棒子就把這幾個毛賊打死了。

按理說，悟空幫唐僧消除了威脅，唐僧就算不感激，也要說幾句讚美的話！可是唐僧不但沒有表揚悟空，還責怪他亂傷人性命，甚至一氣之下還要趕走悟空，這又是為何呢？這就要從幸福論中的快感論說起。

四、外在刺激只是幸福的一小部分

復旦大學的俞吾金教授把幸福分為三種：條件論（重視幸福中可能蘊含的外在條件）、快感論（重視幸福中的身體因素）和心態論（注重幸福中的精神因素）。大多數人談論幸福時，都贊成比外在因素更重要的是自身因素，因而把「快感論」置於更重要的地位。

在我看來，幸福可以分為三個層次：

◆ 第一層次就是快感，這是物質對於身體方面的刺激，比如抽菸、喝酒等，這種快感只能讓你暫時感覺舒爽，不能帶給你真正的快樂。

◆ 第二層面是快樂，這是心理層面、精神方面的體驗，是發自內心的高興。

◆ 第三層面才是幸福，這是「快樂＋意義」的體驗，人們不僅在精神上體驗到快樂，也明白了追求的意義和價值。

如果一個人只停留在快感的層面，他就無法獲得或享受精神上的快樂，更別談追求最高層次的幸福。過度追求刺激，在低階需求裡打轉，就會讓自己陷入空虛的惡性循環。但是如果要一個人放棄快感，也是很難做到的事。畢竟生理需求是人之常情，我們無法約束並禁止。

我們要追求長遠的幸福，就需要對靈魂進行洗滌。中國著名學者周國平曾經說過「快感是肉體感覺，而幸福僅僅屬於靈魂」。如果我們不注重靈魂的修養，不注重心態的養成，不注重人生的意義，我們就很難獲得幸福。

五、只追求肉體感覺，很難到達西天

一個人想要獲得幸福、獲得成長，就不能整天沉迷於身體上的快感。從這個角度說，悟空打死六賊其實是除了唐僧的六種欲望、六種快感。

六賊中的眼看喜、耳聽怒、鼻嗅愛、舌嘗思和身本憂涉及的也是快感部分，接受外在刺激到引起身體感覺往往就是一瞬間的事，這也是大家認同身體享受的原因。酒精下肚後，神經立刻興奮，於是就有了借酒消愁；吃完甜食後，心情立刻好轉，於是就有了幸福的味道；聽完相聲後，神經立刻放鬆，於是就有了安心的睡眠。

孫悟空打死六賊，其實也是警告唐僧，如果只追求身體的享受，六根不得清淨，就很難到達西天修成正果。

唐僧也知道，如果一直停留在欲望層面，自己很難獲得成長，很難邁過心中的那道檻，堅持西行之路。悟空打死六賊其實是在幫助他，但是當真的要拋棄這些欲望時，他反倒有些捨不得，所以他才會難過、傷心、反抗。這也

是孫悟空打死六賊，唐僧責怪他的原因。王陽明有句名言：「除山中賊易，除心中賊難。」這正是唐僧的內心寫照。

六、現代人的精神財富被各種「賊」偷

唐僧的心賊幻化為六個強盜，那我們現代人的心賊又是以怎樣的形象出現呢？這就要從人們追求感官刺激說起。

現在，人們非常貪求物質上的刺激。比如說很多人喜歡吃川菜，追求那種麻辣的刺激。每次我從工作室回家都路過一家川菜館，這家川菜館天天爆滿。透過落地玻璃牆我就能看到顧客吃得非常滿足，酸菜魚、麻辣豆腐、麻辣火鍋，紅彤彤的一片，讓人看著就感覺辣辣的，大家就喜歡這種刺激。

其實這種嘴上的爽也是一個賊，你的感覺器官全部被它吸引走了，它讓你整天沉迷於這種感覺。還有洗三溫暖、按摩、看電影、唱 KTV，這些都是我們心中的賊。如果唐僧一路上遇到的都是這些，不知道孫悟空該打死多少了。可我們所處的環境畢竟和唐僧不一樣，燈紅酒綠、名利財富，全都包圍著我們，我們根本甩不開。

除了追求感官刺激，人們現在還被各種資訊轟炸著。每天都想往眼睛裡、腦子裡塞一些資訊、塞一些知識。可是塞得越多，越覺得空虛，因為這些知識都不是自己思考和體驗

過的，這是我們拿來的知識，還不屬於自己。這就是貪多的結果，也是心賊動亂造成的。

七、利用六賊有方法

我們甩不開六賊，既沒有真實的六個強盜讓我們打，也沒有孫悟空這個本領高強的徒弟幫我們，那我們怎麼來抵禦欲望的侵蝕？唯有利用它！

1. 利用心賊

當我們無法阻止心賊對我們的攻擊時，我們就利用它。

眼、耳、鼻會盜取我們的精神財富，我們就讓每個器官逐一去體驗。

比如說，第一天眼睛上班，其餘器官都休息，這一天你就只能看，看書、看花、看美景等；第二天眼睛下班，耳朵上班，這一天你只能聽，其餘的器官都不能用，你就聽聽音樂、聽聽有聲書、聽聽別人談話等；第三天耳朵下班，鼻子上班，這一天你可以聞各種氣味，但不能用嘴品嘗。以此類推，直到六種感覺器官運作上站，六種心賊依次體驗一遍。

這時你就會發現，每次只有一個感覺器官運作時，它會給你帶來全新的體驗。

就拿耳朵工作、嘴巴休息時來說吧，這一天你只能安安

靜靜聽著，不能發表任何言論。別人說的話會全部進入你的耳朵，進而引起你的思考，在思考的過程中你會產生新的理解、想法，這時你就會反思自己以前的所言所語，甚至在今後的時間內你都會謹慎發表自己的言論。

這時候耳朵這個感覺器官已經不是偷心的賊，它已經「改邪歸正」，成為「育心衛士」。這就像昔日的小偷協助警察抓他的同夥，那就是一抓一個準。

另外，每次使用一個器官，也可以幫助我們從外在的自然環境裡面攝取營養，比如說聽風、看月，這些自然力量也會滋養我們的內心，讓心靈得到釋放。

2. 關閉外界的賊門

《西遊記》的六賊是被孫悟空打死的，其實這個「打死」也只是一個象徵和隱喻。它在暗示我們，要修行要成長，就要約束這些偷心的賊，不要讓他們動輒跑出來。

就拿寫作這件事來說，要想寫好一本書，就得把自己封閉起來，把心門給關緊，不能一會兒誰家的飯香飄進來你就餓了，一會兒有朋友叫你去看電影你就去了，一會兒你又想玩手機了。如果時不時地被外界干擾，那你是很難靜下心來寫書的。現在我們很難真正靜下心來，就是因為外在的干擾和牽掛太多。

我在網校講了許多課，不為別的，就是不想讓自己閒下

來。因為一閒下來，我會開始想東想西，六賊就跑出來搗亂，心就靜不下來。為了不讓六賊搗亂，我讓它們一天到晚當我的「搬運工」，幫我查閱資料，整理思路，這是我的策略。

總之，心理成長不是一件容易的事，消滅心賊更是難上加難，我們能做的就是讓這六賊改邪歸正，讓它們從「偷心小賊」變成「育心衛士」。

白龍馬是唐僧的意念：
要定心，需要意志力的作用

一、要心定，需收意念

唐僧收復「心猿」，被迫拋棄「六賊」之後，緊接著就遭遇了白馬被吃，沒有坐騎的尷尬局面。

按照我們前面的解讀，孫悟空是唐僧的情緒自我，收復「心猿」也就代表唐僧正式踏上了心靈成長之路。突然竄出的「六賊」表示唐僧六根不淨，招致禍亂。「心猿」殺死「六賊」，指的是悟空幫唐僧清理了「六根」，消除外界欲望的侵擾。這看起來無疑是讓唐僧吃了一顆定心丸，怎麼還會遇到白馬被吃呢？

這就要講到「心猿意馬」這個詞。「心猿意馬」一詞的含義源自佛教。「心猿」指躁動散亂的心念如猿猴攀緣不定，不能專注一境；「意馬」則指心神猶如奔馬，不停地為外物所牽，向外追逐，故稱「意馬」。佛法的修行也都是從「心猿意馬」上進行調適，直至最終將其徹底制服。

「心猿」和「意馬」是不可分割的，他們就像一對同卵雙

胞胎，你生我也生，你滅我也滅。所以要想定心，收服「心猿」之後，緊接著就要收服「意馬」。

唐僧收了白龍馬，也就相當於收服了自己浮躁不定、不能平靜的心，從這個方面來說，白龍馬也就是唐僧的意念。騎著白馬，就是帶著自己的意念上路。

二、意念與意志力

為什麼一定要收復意念呢？除了佛教的教義外，心理學家也給出了解釋。威廉·詹姆斯認為，人的意識是流動的，它是不受客觀現實制約的、純主觀的存在。但如果這種意念是消極的，那對自身的傷害是比較大的。

比如說某人相信自己沒多大能力，那麼他就會覺得主管交代的任務很難完成，甚至不能完成，結果他就真的完成不了。但如果這種意念是積極的，他相信自己有能力，他就會排除萬難，想方設法地完成主管交代的任務。

這種積極的意念長久地堅持下去，就會形成一種意志力，即一個人自覺地確定目的，並根據目的來支配、調節自己的行動，克服各種困難。所以，對於一個思想太活躍、容易想東想西的人來說，他必須要對自身的意念加以約束，樹立持久的意志力。

三、駕馭意馬，還得靠韁繩

意念本身太過強大，駕馭不了怎麼辦？唐僧是一個沒什麼本事的凡人，但白龍馬可是龍三太子，雖說被貶，但還是有法力的。讓唐僧去駕馭白龍馬，這不是痴人說夢嗎？

我們知道，孫悟空歸順唐僧後，根本就不怎麼聽唐僧的話，無奈因為緊箍咒的壓制，這一路才服服貼貼。小白龍和孫悟空可是一路「貨色」，他會心甘情願地馱唐僧去取經嗎？

有了悟空這個前車之鑑，觀音這次早就備好了紫絲韁繩，順道還贈送了一條虎筋馬鞭。要說這紫絲韁繩，可是大有來頭，蜘蛛精就曾用它把豬八戒捆得嚴嚴實實，並且這繩套在身上後掙扎不得，越掙扎束得越緊。這虎筋鞭打一下，更是痛徹心骨，平常人挨個十幾下命可就沒了。

四、意馬＋韁繩＝意志力

白龍馬是意念的化身，韁繩是駕馭意念的力量，即正確的方向。每當意念不聽話，唐僧想朝西、意馬就向東時，只要唐僧一用韁繩，這意馬就乖乖跟著唐僧的意志走了，所以，韁繩就可以看作是意馬的方向燈。韁繩一抽，就說明意馬的方向錯了，或沒按照主人的想法前進，意馬需要改進；韁繩不抽，就說明現在方向對了。所以白龍馬和韁繩的組合

就是「意念＋方向」，也就是意志力的組合。

　　我們知道，取經之路艱難無比，危險重重，容不得半點掉以輕心、三心二意。唐僧作為團隊的領路人，他是否意志堅定，更是直接決定著取經大業能否順利完成。所以，觀音把韁繩交給了唐僧，實際上也是為唐僧打預防針。唐僧沒有任何猶豫就接過韁繩，這既表明了他內心的堅定，也是向菩薩表達了自己的志向。

五、意馬本分，元神就堅定

　　孫悟空、豬八戒、沙和尚和白龍馬，是唐僧的四個徒弟，也是唐僧的四種子人格。

　　作者花了大量的篇幅來描寫孫悟空和豬八戒，一則是因為「情緒」和「本能」是隱藏不住的，肉眼輕而易舉就能捕捉到；二是因為「情緒」和「本能」是不能忽視的，這是人性中存在的基因，我們無法抹去；還有一點，就是「情緒」和「本能」實在是太難掌控了，他們總是那麼不服管教，隨性為之。

　　相比較之下，「意念」和「痴念」就顯得不那麼「活躍」。唐僧對取經本就是誠心往之，就算偶爾有點小動搖，也會立刻改正過來。所以，沙僧的篇幅很少，白龍馬更是被直接忽視了。但作者對意馬的忽視，也表明了唐僧那顆有所躁動的心漸漸趨於平靜，從此再沒有波瀾起伏。

六、這個社會缺少意志力

其實現在社會上很多人都缺少意志力，他們做事時總感覺有點心神不定、浮躁不安，尤其是年輕人。相關調查顯示，「六年級生」、「七年級生」、「八年級生」第一份工作平均任職時間分別為 4 年、3 年半和 19 個月，「八年級後段班」重新整理數據，平均 7 個月就選擇辭職！於是「八年級後段班」又被貼上標籤 —— 「最愛辭職的一代人」。

為什麼在這些職場新生代中，一言不合就離職的案例越來越多，他們說走就走的背後推手究竟是什麼？

「工作不是我當初想的樣子，沒有發展空間」、「薪資太低了，不夠養活自己」、「離家太遠了，就辭了」、「工作要求高，壓力大」……這些一個又一個的理由似乎也證明，「八年級後段班」的離職其實是逼不得已的。

這雖說與年輕人的自我判斷與追求分不開，但與社會整體的浮躁風氣也是有關聯的。

人與動物的區別，在於人類有多重動機，且追求與欲望永無止境。其實這並不是壞事，因為只要有了需求，人類就不會停止前進的步伐，社會才能不斷地向前發展。但是，也正是因為這種不滿足，才造就了我們浮躁的心態。想要的太多，得到的卻太少。如何快速地滿足需求，是現在很多人比較關注的。

正如某些網路媒體引導的那樣：「如何快速取得成功」、「郭董告訴你，一定要做的三件事」、「青春期兒童叛逆，媽媽不看後悔一輩子」、「男友表現出這三種行為，一定是心裡有別人了」……這樣的短文真是數不勝數。可是這樣的「釣魚式標題」總能吸引上萬的訪問量，背後都是我們浮躁不安的心理在作祟。

七、貪婪的心迷失了方向

「投資 35 萬元，三年就能賺 5,000 萬元……錢換錢，利滾利，發展下線賺大錢……」難道天上真的能掉餡餅？

沒錯，聰明的你可能一看到類似的話語，就知道這是令人痛惡的「傳銷」。但是，無論怎麼講解勸說，有些人還是對「傳銷」執迷不悟。他們認為傳銷就是致富的方法，甚至還把身邊的親朋好友都拉了進來……

陶先生就因傳銷而深受折磨。加入傳銷的人不是他，而是他的妻子。陶先生屢次規勸妻子，不要上當受騙，但是妻子「中毒」太深，還把弟弟、弟媳、姐姐、妹妹也叫了進來……最後，妻子嫌棄陶先生不支持她的事業，不僅拒絕接聽老公電話，還把他的 LINE 封鎖了。

陶先生辛辛苦苦賺來的幾十萬元全被妻子投進了傳銷組織。老丈人得了癌症，次年三月分便去世，妻子看都沒看一

眼，現在丈母娘也生著病，妻子還是不管不問……

傳銷讓人喪失理智，變成被金錢支配的傀儡。但為什麼還是有人接二連三地相信它呢？為什麼有些人就是不願意安安分分地工作度日呢？背後的原因是人的欲望無法被滿足，總是相信「一夜暴富」的黃粱美夢。

八、定心需要方法

小白龍從桀驁不馴漸漸變得本分，唐三藏從擔心害怕到勇往直前，這無不是戒躁定心和堅定意志力的過程。年輕人的「離職熱」又何嘗不是內心浮躁的展現。那我們怎樣才能定心，樹立意志力呢？這裡跟大家分享三種做法：

1. 樹立正確的方向，給自己的內心一個恰當的定位

明確什麼是正確的，什麼是錯誤的，什麼是可以追求的，什麼是必須拋棄的。有方向才能有出路、才能有方法。黑暗中的打拚只會是一場空。

2. 突出敬業精神

一個行業、一門專業或技術必定要持續多年才能有成果，一蹴而就必定是不穩定的。目前人才流動已成為一種潮流，然而大流動帶來人心動盪，其效益和損失的比例關係到

底怎樣，是值得推敲和商榷的。身處其中，更應該克服盲目與浮躁，踏實工作，理性抉擇。

3. 克服從眾心理

在一個迅速轉型的社會中，人們由於對社會發展以及諸多社會現象「心中無底」，難以決斷事物發展的因果關係，就會「隨波逐流」。而社會「熱點」會使這些人越聚越多，成為社會的一種思潮或「流行」，使具有從眾心理的人更加心安理得。因此，如何克服歸因的社會從眾心理，是遏制社會浮躁的一個很重要的因素。關鍵是要獨立冷靜地思考分析，認真考慮社會、團體和個體的長遠發展目標與要求。

豬八戒是唐僧的「本我」：
本能需要釋放和監護

一、本能，人皆有之

　　要說取經團隊中，唐僧和誰的關係最好，那肯定是八戒了。悟空犯錯，唐僧又是唸咒又是趕人，定要來個大折騰；而八戒呢？每次嚷嚷著散夥，唐僧不但沒有訓斥，反倒還假裝聽不見。不但如此，對於八戒的貪財好色、好吃懶做，唐僧也給了很大的寬容。

　　按理說，唐僧作為得道高僧，對佛教戒律是時刻謹記的，從給二徒弟取名為「八戒」就可以看出來，可是又為何會對這個二徒弟如此縱容呢？這明顯自相矛盾嘛！我覺得，唐僧的這種行為，只有一點可以解釋，那就是八戒的這些欲望，唐僧也是有的。

　　當然我這推論也不是沒有依據可查的。你看，唐僧一看天黑了，就趕緊催促徒弟找地方睡覺；感覺肚子餓了，就趕緊讓徒弟去化齋……他這些行為和我們常人沒有什麼兩樣。

二、本能無法隱藏

豬八戒貪財好色，這是人盡皆知的，但說唐僧也有凡心，可能會有人不服，接下來我就用「四聖試禪心」的故事來講講唐僧對人性欲望的掌控。

在「四聖試禪心」這一章節中，書中有此描述：「黎山老母不思凡，南海菩薩請下山。普賢文殊皆是客，化成美女在林間。聖僧有德還無俗，八戒無禪更有凡。從此靜心須改過，若生怠慢路途難！」從這裡可以看出，師徒四人只有八戒沒有通關，但四聖還是饒恕了八戒，又給了他改過自新的機會。這是為何？四聖難道不應該把八戒趕走，重新換個人嗎？不需要。因為「試禪心」根本不是試悟空、八戒、沙僧，只試一個人，那就是領頭人唐僧。

為什麼說「試禪心」是針對唐僧的呢？因為孫悟空是個石猴，對女色不感興趣，不需要試探；豬八戒好色，試與不試都能猜到結局；沙僧更不需要試，他本身就是憨厚老實、無欲無求之人。唐僧不一樣，他是領路人，是師父，一個好的領路人才能完成西天取經的任務，一個好的師父才能帶好這幾個都有「汙點」的徒弟。接下來我們來詳細闡述一下。

知道女主人想找上門女婿後，唐僧是什麼態度呢？閉上眼睛，裝瞎子；收起耳朵，裝聾子；合上嘴巴，裝啞巴；心裡默默地唸著「阿彌陀佛，阿彌陀佛……」按理說應該嚴詞拒

絕，可是唐僧裝聾作啞，默不表態，說明他心裡是有想法的。

女主人當然也不是省油的燈：裝高尚是吧，我一定要讓你露出破綻！她接著又介紹了自己的家產：「我家的產業可是很大的，水田三萬多畝、旱田三萬多畝、果樹三萬多畝、水牛一千多隻，騾馬成群，豬羊無數。現有的積蓄也是多得數不清，米穀八九年吃不完，綾羅十來年穿不完，金銀一生都用不完⋯⋯」這絕對是個頂級女富豪呀，三藏卻不動如山，默默無言。

女主人一看，還不動心是吧，我要再添把火，定把他「點著」了不可：「我生日是三月初三（此乃傳說中黃帝、王母、真武大帝等大神的生日，這裡女主人暗示自己是大富大貴之人），我三個女兒，不但年輕貌美，還多才多藝⋯⋯」這時，來看唐僧，便好似雷驚的孩子，雨淋的蛤蟆，已經忍耐到了極限，翻著白眼往上看，都不敢正視女主人了。

承受誘惑的可不止唐僧一個，豬八戒忍耐不住上前勸告唐僧，讓他拿個主意。唐僧的態度突然發生了 180 度變化，怒斥豬八戒動了凡心。是唐長老立場堅定嗎？當然不是，他在上面的表現已經說明了一切。

這個關卡，對唐僧的本能提出了幾個警告：

◆ 不能有色心，否則結果比八戒被捆綁在樹上還要嚴重。
◆ 要管好自己的徒弟，不能讓他們隨性而為（特指八戒）。

◆ 取經之路困難重重，要做好吃苦受累的準備，不要老想
　 著享受。

◆ 要小心謹慎，不要被事物的表面所迷惑，如同這裡看似
　 一座莊園，其實隱藏著巨大的危機。

「四聖試禪心」，不僅試了禪心，還警告了唐僧。其實四
聖早就能料到結果，試禪心最重要的是要警告唐僧。

三、生本能和死本能

四聖雖然對唐僧師徒提出了警告，但真的有效嗎？欲望
真的會像「一朝被蛇咬，十年怕井繩」那樣退去嗎？其實不
盡然。

佛洛德告訴我們，人有多少種需要，就有多少種欲望，
欲望推動並決定著人的行為方式。當然，要搞清楚人有多少
種欲望，就像弄明白天上有幾顆星星一樣困難。不過我們可
以將這些欲望分類歸納。佛洛德認為欲望可以分為兩大類：
與生命保障有關的生本能和為死亡服務的死本能。

佛洛伊德稱生本能為「力比多」，代表著愛和建設的力
量，指向於生命的生長和增進。死本能被稱為「達拿都斯」，
代表恨和破壞的力量，表現為求死的欲望。死本能有內向與
外向之分。當衝動指向內部的時候，人們就會限制自己的力
量，懲罰折磨自己，變成受虐狂，並在極端的時候毀滅自己；

當衝動指向外部的時候，人們就會表現出破壞、損害、征服和侵犯他人的行為。

舉個簡單的例子來說吧，如果一個企業家破產了，生本能會促使他努力活下去，重整旗鼓，十年後還是一條好漢。死本能會讓他覺得自己已負債累累，償還不起，最終走上自殺或者報復社會的道路。

不管是生本能還是死本能，都是驅趕不走的，這是人性使然，是每個人都必須面對的欲望。

四、八戒是唐僧的本我

如果說本能是人性的欲望，那「本我」就是欲望的儲存庫。「本我」是按「快樂原則」活動的，它會不顧一切地尋求欲望的滿足。

我們再來看看唐僧和八戒，八戒就是欲望的化身，貪財好色、好吃懶做都占了，但唐僧對八戒的這些「大毛病」卻沒有進行嚴厲的批評指責，反而一再縱容。為什麼會這樣呢？因為他清楚，這些毛病他也有，他也不能克制。己所不欲勿施於人，這個道理他也懂。所以，不管八戒有什麼毛病，唐僧這個做師父的都能忍受。這既是唐僧對待八戒的態度，也是他對待本我的態度。

但是對待悟空的殺生就不一樣了，唐僧一個凡人，沒功

夫不說，又不會惹是生非，殺人這件事肯定是沾不上邊的。所以，悟空殺人，唐僧就不能忍受，必須要制止，要嚴加管教。

雖然本能是與生俱來的，我們無法消滅，但如果一直任由本能恣意妄行，那可是要出大問題的。在過女兒國的時候，唐僧和八戒就遇上大麻煩了。師徒兩人飲了子母河的水，居然懷孕了。男人也能懷孕生小孩，這在科技發達的今天都無法實現，吳承恩老先生居然在明朝就想出方法來了，但這僅僅是用以娛樂的妄想嗎？當然不是，我們還要看看背後的隱義。

老先生為什麼選擇唐僧和八戒兩人「懷孕」呢？因為兩人有口舌之欲。唐僧看見水清，就想喝水；八戒一看師父都口渴了，他也要喝水。換作悟空和沙僧，肯定不會是這樣的。所以，這怪誰呢？只能怪師徒倆太任性了！

為什麼選擇男人懷孕這種「不倫」的方式來表現呢？因為受孕是女人的天賦，我們稱之為懷孕；如果發生在男人身上，那便不合天理，用上「心懷鬼胎」這個詞來形容也不為過。作為出家人，既想取得真經普度眾生，又想吃好喝好，錢色雙收，哪有這麼好的事呀，不是心懷鬼胎是什麼！

五、本能是需要監護的

唐僧和八戒懷孕，是心存欲望，本我人格太過強大造成的。那如何才能挽救這場欲望災難呢？這就要發揮自我和超

我的力量。

自我：介於本我與外部世界之間，是人格的心理面。自我一方面能使個體意識到其認知能力，另一方面使個體為了適應現實而對本我加以約束和壓抑，遵循的是「現實原則」。

超我：這是人格的社會面，是「道德化的自我」，由「良心」和「自我理想」組成，超我的力量是指導自我、限制本我，遵循「理想原則」。

本我、自我和超我就像一家三口，本我是喜歡吃喝玩樂的孩子，自我是溫柔賢淑的母親，超我就是嚴格強大的父親。在這個家裡，孩子和父親的衝突是最多的，孩子喜歡快樂，怎麼快樂怎麼來；父親喜歡理想，怎麼完美怎麼來。兩人時不時地產生摩擦，發生口角。多虧母親從中調和，才讓這個家庭得以延續下去。

所以，本我想快樂，超我要理想，自我就需要從中調和。怎麼調和呢？該要快樂時就行動，該要理想時也不能拋棄。

唐僧和八戒懷孕，這是本我闖下的大禍。如果真的任由自己生兒育女，那取經大業豈不是荒廢了，普度眾生豈不是成了一句空話。這是師徒倆絕對不願意看到的。於是自我就行動了，讓悟空找來落胎泉水飲下，趕緊消除這「孽障」。

六、釋放和監護，才能穩住本能

作為本能的儲存庫，本我是人格中不可或缺的一部分，包含生存所需的基本欲望、衝動和生命力，是一切心理能量之源。所以，不要妄想消除本能，因為你在消除本能的同時，人格會出現殘缺，你的心理也會出現問題。

但是我們又多麼想拋棄「動物本能」，和動物劃清界線。這種對本能又愛又恨的心情讓我們痛苦不堪。雖然消除本能不可能，但對本能進行適當的釋放和監護，還是可以的。

唐僧和八戒的關係，正好告訴了我們如何釋放本能，又如何監管本能。在「四聖試禪心」的故事中，兩人都對富貴美色動了心；在子母河時，兩人因口舌之欲被折磨；在女兒國中，兩人又對美色留戀不已⋯⋯但是動心歸動心，留戀歸留戀，路還是要走的，經也還是要取的。

所以，對待本能，不能一味地壓制，只有釋放和監護，才能穩住本能。

七、現代人對本能的恐慌

一對小夫妻手挽手走到大街上，迎面正好走來一位美女，男人的眼神立刻就被吸引走了，但旁邊的老婆就不高興了，一巴掌朝老公甩過去，恨恨地罵著：「下流無恥！」

一個小男生寫情書給同桌的女生，結果被老師發現了，老師直接打電話給男孩的家長：「你兒子不好好讀書，整天只知道談戀愛、騷擾女同學……」

國小上健康教育，講到男女生理結構時，老師突然含糊其詞，快速進入到下一章節。

好不容易放了假，小 A 一下子睡到了中午十一點，媽媽直接進來掀被子：「太陽都晒屁股了，還不快起來讀書！」

……

本能就像魔鬼一樣，讓人們產生了恐慌。面對它的入侵，人們顯得那樣無所適從，只能透過壓制來抵禦它。但本能是有不死之身的，不管你怎麼打壓，它都不會消失，甚至還有越挫越勇的氣勢。

男人被打了耳光，下次見到美女仍會不由自主地張望；小男孩轉了學，見到心儀的女生仍會小鹿亂撞；老師不講男女生理知識，學生回家偷偷地上網看片；媽媽不讓孩子睡懶覺，孩子直接離家出走……

人類在與本能的大戰中，如果一味地打壓它，最終受傷害的只會是自己。唯有坦然接受本能的存在，人類才不會被本能牽制。

八戒留戀高小姐，但還是離開了高老莊；八戒口口聲聲說散夥，也沒見他拋下大家；八戒喜歡偷懶，面對妖怪也沒

見他逃跑一次。所以，一個人可以有本能，可以求快樂，只要進行適當的監管，本能仍在我們的掌控範圍內。

八、對待本能有妙招

我們究竟該怎麼對待本能呢？唐僧對美色是動了心的，但是他在動心之後，能夠堅持自己的理想，能夠堅守遠方的道路，這就是監管。八戒對高老莊是留戀的，但是他在嘮叨散夥的時候，並沒有真的向東而去，這也是監管。所以，對待本能，我們需要母親般的呵護，也需要父親般的嚴厲。

那我們到底應該怎麼做呢？

1. 釋放自己的本能

壓抑本能的後果是十分嚴重的，如果不及時地進行合理宣洩，就會出現各種不適應的症狀。所以，如果你感覺孤獨，就去找人聊天；如果你喜歡金錢，就去努力獲得；如果你喜歡俊男美女，你可以去追星……

2. 及時煞住本能

如果延續本能，會影響你的工作或課業，那你就需要踩煞車了。君不見，有多少痴情男女因為戀情荒廢學業，有多少企業家族因為貪婪宣告破產，有多少娛樂名流因為偷稅漏稅銀鐺入獄……

3. 轉化視角，昇華情感

　　當我們為無法實現的本能焦躁不安時，為什麼不能轉換一下視角呢？有打人衝動的人，透過拳擊或摔跤等運動方式來滿足；喜歡罵人的人，以成為評論家來滿足自己；想讓自己變得更優秀的人，與其整天唉聲嘆氣，自怨自艾，不如多讀書多思考，充實自己。

沙和尚是唐僧的「痴念」：
愚痴甩不掉，但可變「廢」為「寶」

一、唐僧和沙僧同樣因罪被罰

沙僧原本是天宮裡的捲簾大將，是玉帝侍從，他往來護駕，隨朝出入，只因失手打破王母的琉璃盞，觸犯天條，被貶下凡間。同樣地，唐僧原是如來的二弟子金蟬子，十分受如來器重。但他卻在如來講經的時候睡著，如來懲罰他十世渡劫。

其實細想，這兩人遭貶的罪名還是相近的。金蟬子作為西天有身分、有地位的神，卻如此不認真鑽研佛法，聆聽教誨，這不是打如來的臉嗎？捲簾大將作為玉帝的貼身保鏢，卻如此大意馬虎，損壞寶物，這不是給玉帝找麻煩嗎？所以兩家的主子都很生氣，自己親近的人犯下這等大錯，實在是忍無可忍，就分別把金蟬子和捲簾大將貶下凡間。

二、同樣不辨是非

金蟬子和捲簾大將被貶凡間後，受了很多苦，最後兩人分別以師父和徒弟的名義加入了取經團隊。但是在取經的過

程中，兩人都是善惡不分，任由八戒從中挑撥。

就拿「三打白骨精」來說，明明被悟空打死的民女是妖怪，可是八戒一口咬定那是猴子的障眼法，唐僧就信以為真，唸起緊箍咒來；反觀沙僧，一言不發，任由師父懲罰大師兄。好在悟空拿出報恩的話頭，誓要保師父求得真經，師父才心軟原諒了他。

可是事情遠遠沒有結束，白骨精一計不成又來一計，這次幻化成找尋女兒的老婆婆，結果又被悟空識破打死。唐僧又唸起緊箍咒來，沙僧又不出聲，即使八戒誣陷孫悟空是因未分行李而不願意走，沙僧也是站在旁邊沒幫大師兄說一句公道話。

等到悟空打死白骨精的第三次化身後，師徒之間的矛盾便到了不可調和的地步。唐僧一口咬定孫悟空半天傷了三條性命，是個有意作惡之人；八戒也在一邊慫恿，說這三次都是猴哥的詭計，他是害怕師父唸咒，故意編了謊話。沙僧仍是一言不發，不作為，他就像是一個局外人，任由這三人鬧騰。

沙僧和唐僧兩個人，為什麼會有這樣的行為呢？在我看來是因為他們愚痴。

三、愚痴是什麼

佛教認為，人類的種種苦難（如煩惱、爭鬥等）主要來源於自身的貪念、嗔念和痴念，即所謂三毒。痴是三毒中最根

本的一項，以痴為根源產生貪和嗔，沒有三毒的痴，就不會有三毒的貪和嗔，所以佛教特別強調「痴」是一切煩惱及痛苦的根本。那什麼是痴？佛家的解釋是不知道、不明，簡單地說就是無明。凡事全憑自己的好惡，順己則喜，違逆則怒，完全不明事理，這就是「愚痴」。所以，佛家的痴主要有兩層含義：一是不知道，二是錯誤的知。

在心理學中，我們怎麼看待「痴」這個詞？心理學專家祝卓宏教授認為，痴是一種「頭腦認知」和「客觀現實」的虛幻融合，「痴」人容易不明事理，是非不分，執著於自己的想法，聽不進他人的意見。在我看來，我們每個人的人格中都有一個看不見的盲點，這個盲點就是我們俗稱的「不開竅」、「笨」的地方，也就是愚痴。每個人的盲點各有不同，也有大有小，我們不斷地學習、精進，就是為了減少自己的盲點，減少自己的「笨」。

四、沙僧是唐僧的痴念

從這個角度來看，沙僧和唐僧都是愚痴的人。

我們回過頭來再看兩人被貶的原因，沙僧作為貼身保鏢，居然沒有意識到琉璃盞的貴重，還把它打碎，這不是無知是什麼。唐僧作為佛家修行極高之人，卻有意輕慢佛經，上課睡覺，這也是無知。另外，在西行路上，唐僧聽信八戒

讒言，不辨是非，總是誤會悟空，這就是愚蠢。

所以，沙僧犯的錯唐僧也在犯，沙僧有的愚痴，唐僧也有，要說團隊中誰和唐僧最像，肯定是沙僧。從唐僧替三個徒弟取的名號中，也能看出一些端倪。悟空叫行者，悟能叫八戒，悟淨叫和尚。這也是預設沙僧最像和尚，最像佛門中的自己。從這一方面來說，我們可以把沙僧看作是唐僧的痴念。

至此，佛家的「三毒」在唐僧這裡顯現得淋漓盡致。孫悟空代表的是嗔念，豬八戒代表的是貪念，沙僧代表的是痴念。

五、唐僧對待痴念的態度

在取經路途中，唐僧和悟空的互動最多，因為唐僧的情緒管理能力實在是太差了，必須多多重視；和八戒的互動也不少，因為唐僧偶爾也會動凡心，也想著吃飽喝足；和沙僧的互動最少，因為唐僧的痴愚都是骨子裡帶出來的，當神仙時就有所表現，要想甩掉它，那是不可能的，當然要想改掉它，那也是妄想。既然沒辦法，只能接納它，毋須多費心神。

所以這看似簡單的師徒關係，其實正是唐僧對「嗔念」、「貪念」和「痴念」的態度。「嗔念」要時刻重視，「貪念」要偶爾監管，而「痴念」則需要接納。

　　唐僧接納自己的愚痴，但是他並沒有因為愚痴而整日悶悶不樂，他雖然不能像孫悟空那樣奮勇殺敵，也不能像豬八戒那樣討巧有情調，但是他知道自己想要的是什麼，追求的是什麼，他一直在用愚痴來踐行自己的目標。

　　唐僧看到美女沒有停留，看到妖怪沒有後退，看到名利也沒有收下。雖然這一路上也吃了很多虧，受了很多騙，但是他謹守著佛門清規，謹記唐王的囑咐，向西的步伐始終沒有停止。

　　沙僧也是如此，認定了取經路就再也不回頭，一路上勤勤懇懇，任勞任怨。他自知本事沒有兩位師兄大，他甘願做後勤工作，照顧師父起居，最終也修成了正果。

六、換一種視角來看待愚痴

　　為什麼愚痴的沙僧也能修成正果？在我看來，是因為他利用了積極的思維轉換。

　　當你遇到一件艱難的事情時，你是以積極的心態去面對，還是以消極的心態去面對？這是在考驗一個人的智慧，也是一個人心理能力的建立。積極的思維轉換就是一種良好的轉換能力。

　　心理學家亞伯特‧艾利斯認為：事件的發生只是引起情緒及行為反應的間接原因，直接原因則是人們對待事件的看

法和解釋。對於同樣的事件，不同人的態度也有明顯不同，如果你用消極的思維來看待它，就會產生過度的情緒和行為反應；如果你用積極的思維來面對，則會減少不良情緒的困擾。

如對於「愚痴」這種客觀存在的人格特質，如果你用消極的眼光看，它就是「笨」、「傻」、「蠢」，這會讓你自卑、自責、焦慮；相反地，你用積極的眼光去看待，它就是「勤奮」、「本分」、「踏實」。這種積極解釋會帶來積極的情緒，如樂觀、希望等。

不一樣的解釋，就會導致不一樣的結果。沙僧選擇用積極的視角去接納。他沒有把「愚痴」看作是自己的「累贅」或「心頭病」；相反地，他用「愚痴」來踐行自己的使命，把「愚痴」轉化為本分、行動力與堅持，這也是沙僧最終能修成正果的原因。

七、我們缺少積極轉換的視角

換個視角，愚痴也是一種財富，愚痴也是一種智慧的表現。可是在現實生活中，能換個角度看待愚痴的人又有多少？

夫妻兩個人，老婆總抱怨老公不懂浪漫，卻沒有看到老公的忠厚與任勞任怨；媽媽總責備兒子亂拆家裡面的電子產

品，卻沒有注意到兒子對電子裝置的興趣和求知欲；兒子總嫌棄年邁的母親嘮叨，卻忽視了母親對陪伴和交流的渴望；我們總看到人生的諸多不順，卻沒有意識到我們都是在苦難中成長起來的……

我們對事件的消極面總是特別敏感，卻忽視了消極的背後也蘊含著積極。為什麼我們總是會感覺疲憊、不安、焦慮，本質上都是我們的消極思維在作怪。

「如果我沒有失去雙腳，我想我的人生早就已經毀了。」這是一位技藝超群的玻璃藝師的肺腑之言。藝師年輕時不務正業，經常惹是生非，但一次意外的車禍讓他失去了雙腿。然而行動不便也讓他因禍得福，從此他與那些酒肉朋友徹底斷了聯繫。之後他為了餬口，開始學習玻璃藝術，人生從此改變了。

也許不到最後一刻，我們永遠不會知道所遇到的苦難會給我們的人生帶來什麼樣的改變，會給我們的人生帶來什麼正面的影響。但是常見的情況是，我們一看到不好的苗頭就立刻放棄了，我們根本等不到積極思維轉換的那一刻。

八、積極的思維轉換是一個過程

有人會有疑惑，難道我們需要把所有的事情都往好的方面去想嗎？這明顯是不可能的。如果明明是一件壞的事情，硬是要把它想成好事，這是強人所難，即使是有大智慧的人

也不可能做到。所以，在這裡我要說明的是，積極的思維轉換其實是一個循序漸進的過程。

1. 我們要學會面對和接受消極事件

人總是有懦弱的一面，遇到問題，很多時候自然會選擇逃避。可是逃避之後，問題依然存在，並沒有消失。所以首先我們要學會接受問題的存在。

有一則寓言故事：

話說小貓湯姆和托比非常討厭看到自己的影子，於是牠們就用各種方法來擺脫自己的影子。然而，無論走到哪裡，只要一出現陽光，牠們就會看到那令人抓狂的影子。這可怎麼辦呢？湯姆選擇永遠閉著眼睛。只要眼睛不睜開，就看不到影子了！托比則永遠待在其他東西的陰影裡，這樣太陽就照不到自己，影子也就不會出現了。

很明顯，這兩隻小貓的解決方法就是逃避。我們不知道這兩隻小貓的後續生活會怎樣，但永遠閉著眼睛和永遠待在陰影裡的日子放在人類身上，肯定是會造成心理問題的。逃避只是暫時的壓制，終有一天它仍然會爆發出來傷害到自己。

2. 在接受的基礎上應對負面情緒

人的一切心理活動都帶有情緒色彩，並以不同的狀態顯露出來。積極情緒可以使我們樂觀向上，而消極情緒則會使

我們陷入焦慮和痛苦中。所以我們需要具備一種積極轉換的能力，從消極事件中看到積極的一面，避免過分陷入消極困擾中。

3. 增加對事物的積極認知

當你具備了積極轉換的能力，你就可以從消極事件中看到積極性，積極認知多了之後，纏繞的消極情緒就會慢慢淡化，最終改變我們的思維和行為方式。

猴哥的「愛現」：
炫耀讓人笑也讓人哭

一、「愛現」的懲罰

在《西遊記》中，大家最喜歡的人物就是孫悟空。他那天不怕地不怕的處事風格讓大家看得很過癮，但他那處處炫耀的行為也讓他栽了不少跟頭。

他剛學會了七十二般變化，就在師兄弟面前炫耀。只見他搖身一變，化作一棵松樹，一枝一葉，和真樹沒什麼兩樣。大夥一看都羨慕得不得了，紛紛鼓掌讚賞，悟空心裡也是美得不行。

可是正在此時，菩提祖師拄著枴杖出來了，上來就一頓發火：「你們不專心修煉，在這裡吵吵鬧鬧幹什麼！」大夥一看，師父生氣了，趕緊就散了。但憑著對悟空的了解，菩提祖師知道這源頭肯定又是悟空，於是就把悟空叫到跟前訓話。

祖師也沒怎麼責備悟空，只和悟空說了炫耀的諸多不好，讓悟空以後留心點，別動不動就炫耀本領，否則容易招

致大禍，還狠下心要趕悟空離開。悟空急忙認錯，可是祖師根本就不吃這一套，他已經鐵了心要趕悟空走，任憑悟空怎麼求饒也無濟於事。

就因為耍了幾招跟師父學的本事，結果就被師父趕出去了，悟空心裡委屈得不行。可是也沒辦法，師父不要他了，他只能回花果山。

二、又栽了個大跟頭

悟空由於「愛現」被師父趕出山門，按說怎麼也該收斂一些。可是悟空就是個沒記性的，在這裡跌了一個跟頭，另一個跟頭還是在這裡跌倒。

在跟隨唐僧西天取經後，路過觀音禪院，悟空又開始向院主炫耀師父的袈裟，那袈裟金光閃閃的，當場就把老院主的魂給勾出來了。老院主是真想要這個袈裟呀，可是怎麼樣才能得到它呢？要說這老院主也真是惡毒，居然起了放火殺人、毀屍滅跡的念頭。結果又把更貪的黑熊怪給招來了，隨後袈裟也落入了妖怪的手中。

要說這一災難，完全就是悟空自己招惹來的。要不是他「愛現」，老院主也不會起了歹心有了歹意，黑熊怪也不會搶走袈裟。悟空這次又在「愛現」上，栽了個大跟頭。

其實關於悟空這個愛炫耀的毛病，唐僧也有過告誡，我

們來看看唐僧說了什麼：「古人有云：『珍奇玩好之物，不可使見貪婪奸偽之人。』袈裟要是被他們看到，不就危險了嗎？他們如果向你要，你膽小怕事只好給他們；如果不給，搞不好到時候他們要謀財害命啊！」這口氣，這話語，幾乎和菩提祖師沒什麼兩樣，但悟空仍是聽不進去。

為什麼兩任師父的教誨都沒能讓悟空有所觸動呢？「炫耀」到底有什麼魔力讓悟空一而再再而三地受制於此呢？這是需要我們弄清楚的。

三、炫耀的魔力 —— 超越金錢的興奮

「炫耀」是一種自我表現，這種表現會讓人特別滿足，有時會超過金錢利益對人的吸引。這是哈佛大學的神經科學家戴安娜‧泰米爾（Diana I. Tamir）與其同事傑森‧米切爾（Jason P. Mitchell）透過腦成像和行為實驗發現的。

當然我只說結論，大家可能會感覺有些迷糊，甚至還會懷疑我說的是真還是假。那我們就進一步地了解實驗過程吧。

研究人員隨機尋找了幾十個住在附近的人，這些人都是自願參加實驗的，沒有受到任何人的干預和強迫。參與者的任務主要有兩個，一個是談論私人話題（如是否喜歡滑雪，或者是否喜歡吃披薩上的蘑菇等）和涉及智力、好奇心或進取心等個性特徵的話題；另一種是談論和自己無關的話題，比如

評價一位歷史名人。評價他人會得到金錢的獎勵，獎勵金額有所不同，最高為四美分。參與者可自主選擇參與哪個任務。

研究者為什麼要這麼設計呢？一是想看看在金錢的誘惑下，參與者是否會傾向於選擇評價他人；二是當參與者選擇談論自己時，他們的大腦活動是怎麼樣的。在整個實驗中，選擇談論自己的參與者要接受磁振造影的大腦掃描。

結果發現，儘管談論他人的話題會讓參與者獲得一定收入，但是人們還是更傾向於談論自己。當參與者在談論自己時，中腦邊緣多巴胺神經系統的活動往往會突然增強，該部分同時也是與性、食物和金錢帶來的成就感和滿足感相關聯的區域。

炫耀使人產生生理興奮，讓人滿意感暴漲。怪不得人們動輒就要炫耀兩下，原來是與神經興奮有關。並且這種感覺和性、金錢帶來的滿足感是一樣的，是真的會讓人如痴如醉。所以，生理的滿足是炫耀固著（fixierung）的一個重要條件。

四、炫耀讓悟空獲得了滿足

我們回頭來看悟空在炫耀時的心情。大夥一聽說悟空得了躲三災變化之法，就起鬨著讓悟空露兩手。悟空立刻挺直了腰板，拍著胸脯對大夥說：「你們想讓我變化什麼，就直說！」言下之意是，我什麼都會，你們儘管放馬過來！瞧

瞧，這得意的樣子！悟空的變化功夫著實厲害，變的松樹和真樹沒什麼兩樣，大夥見了，也都上前鼓掌，哈哈大笑。此刻的悟空，心裡也是美得不行！要不是菩提祖師怒喝一聲，並將其趕走，猜想悟空能得意好幾天。

炫耀袈裟時也是這樣。看到老院主收藏的袈裟，悟空只是敷衍地說個「好好」，其實在悟空眼裡，這些袈裟都是由於用料、手工才稱得上好的，這種袈裟，市面上多的是，根本就不足為奇。而師父的袈裟，是觀音菩薩所贈，那才是真正的寶貝，一定得讓這些俗人瞧瞧，開開眼界。

師父攔也攔不住，悟空立刻就把袈裟給抖開了，老院主要看，悟空就給他看；老院主要借，悟空就借給他。還說要是真出了什麼禍事，師父甭擔心，老孫擔著。你看看這悟空，全憑著自己做主，硬是把師父的袈裟給了外人。

悟空為什麼會這樣做？就是因為高興，看那老院主一臉驚嘆、羨慕不已的樣子，真是和之前嘲笑、慢待他們的時候判若兩人。悟空此時無比滿足，那種讓人羨慕、尊敬的感覺一下子就收不住了。

五、「愛現」的祕密 —— 錯誤猜想別人的看法

為什麼悟空想表現自己呢？除了得到滿足感之外，還有一個重要的因素，那就是想操控自己在別人心中的形象。一

個人不停炫耀，可能是因為錯誤地理解了別人對他的看法。

斯科佩利蒂和她的同事對 131 名受試者進行了一個簡短的調查，並讓他們描述自己在炫耀或聽別人炫耀時有何感受，以及認為別人可能會有什麼感受。結果發現，喜歡炫耀的人，往往會高估別人對他們所講內容的喜歡程度；相反地，他人可能還會感到不安或嫉妒，甚至惱怒。

無論是在社群媒體上還是面對面與人交談時，炫耀會讓我們高估別人對自己的正面評價。我們的思維模式傾向於以自我為中心，常常意識不到其他人的看法會與我們不同。很多時候我們不知道，並不是每個人都會像父母一樣認同並誇讚我們，他們不會讚美我們的思想深度，甚至會對我們所說的話毫無感覺。

六、炫耀讓悟空糗大了

我們從悟空的炫耀中就能看出來，悟空向眾人炫耀筋斗雲，可是大夥卻不識貨，只覺得這是個跑腿的本事，送送信件，遞遞消息，也沒什麼別的用處！可憐這「一個筋斗十萬八千里」的筋斗雲，在大夥眼中也只是個送信的工具。本來悟空想要的是鮮花和掌聲，結果要來的卻是嘲笑與輕視。

炫耀袈裟也是如此。本來是想讓老院主開開眼，羨慕一下、嫉妒一下就夠了，結果老院主卻起了貪念，想把袈裟據

為己有，師父還差點為此丟了性命。要知道之前悟空還向師
父口頭保證，不會出任何問題，結果又一次被「打臉」。

　　所以，悟空的炫耀除了讓他感到短暫的心理滿足外，給
他帶來的禍害與煩惱也是不少的。

七、炫耀是常有的事

　　其實在現實生活中，幾乎沒有人喜歡聽人炫耀，但幾乎
每個人都有炫耀的心理和行為。因為炫耀可以讓自己很快
樂，很有成就感，就像我前面陳述的那樣，這種心理上的滿
足不亞於性與金錢的獲得。

　　孩子考上國立大學了，身為家長很高興，見人就說起這
事，你說這是不是炫耀？女士花了幾萬元買了個包包，到哪
都背著它，這是不是炫耀？兒子找了份好工作，月薪好幾
萬，父母見人就說兒子賺大錢了，這是不是炫耀？好友在 IG
晒紅包、晒恩愛，這是不是炫耀？

　　其實人們日常生活中炫耀的事情還有很多，幾乎每個人
都有過這樣的行為，這裡我就不一一列舉了，當然我並不是
否定炫耀，畢竟這是人之常情，誰也杜絕不了，但是你若在
「拔高」自己的同時，故意踩低別人，甚至還說些風涼話，這
就過分了。

　　比如有些家長，明知道對方的孩子功課不好，還一個勁

兒地問孩子考上了什麼大學，這不是在揭人家的傷疤嗎？你這樣人家心裡會高興嗎？有可能早就在心裡面把你罵了好幾遍。

　　有些在外面做生意的人，明明沒賺到什麼大錢，非得打腫臉充胖子，說自己月薪好幾十萬。過年回家，給小孩包個大大的紅包，買年貨也挑最貴的買。看到鄰居買的東西不如自己的好，還挖苦人家：「過年了也不買點好的，還那麼小家子氣的！」別看他們在外面風光，晚上獨自一人時不住地唉聲嘆氣，不知道多麼心疼錢呢！你說這人可氣不可氣，只知道在人前裝大方，也不考慮考慮自己的實際情況。

八、適當炫耀是有方法的

　　炫耀是把雙刃劍，能讓你笑，也能讓你哭。我們都想向別人「推銷」自己，但過分吹噓往往會適得其反，不僅不能帶給你想要的效果，還會引起他人的反感。那麼，我們應該如何適當地利用「炫耀」來提升自我聲譽呢？以下的方法或許能讓你事半功倍。

1. 避免炫耀自己的優秀特質

　　當你說自己很厲害，或者誇獎自己時，由於人們沒有辦法確定你是否具備這些特質，所以不太可能相信你。即使這

些特質得到了驗證，人們也不會以正向的態度對待你。

不能聲稱自己很聰明，但可以承認自己是「愚蠢」的，人們往往更樂意接受這一點。畢竟人們都同情「弱者」，喜歡「謙虛」之人。

但是要注意，不能讓人覺得你的自貶其實是在變相地尋求稱讚。如果對方發現了你是在追求恭維，就會覺得你這人很虛偽、狡詐，一旦給人留下這種印象，它的威力可比「炫耀」的殺傷力強上幾百倍，那可是「跳進黃河也洗不清」了。

2. 讓別人「代替」你炫耀

最好的炫耀方式是讓別人替你炫耀，你自己什麼都不要說。認真完成工作，仔細規劃未來，這樣可以獲得成就感，進而增加自尊和自信的砝碼。此外，不必主動鼓吹自己的工作成就，可以透過他人或公眾媒介來傳播自己的優點，這也是現階段很多名人會運用的方法。

金盃銀盃不如老百姓的口碑，金獎銀獎不如老百姓的誇獎，只要得到他人的認可，再進行適當的傳播，你的人格魅力或產品優勢也就突顯出來了。

3. 引用別人的談話

當你想「炫耀」自己某方面的優勢時，也可以巧妙引用別人的談話。這樣對方就會把注意點轉移到你引用的人身上。

當然這個引用的人一定是對方信賴的人或者是有權威的人。這樣即使你說的話對方不能夠完全相信，只要搬出這個人，他也會馬上消除懷疑。

比如你向朋友闡述一個觀點，朋友不太認可，但是這時你搬出來朋友喜歡的一個名人說過的話，且這個話也是支持你這個觀點的，那麼朋友的態度就會發生很大改變，他不再反對你的觀點，因為他不會質疑偶像的話，連帶也支持你了。

綜上所述，最重要的還是不要過度炫耀，保持謙遜絕對不會是壞事。只有多做實事，你才更有可能花費更少的精力來贏得他人的尊重。

悟空的善與惡：
集體意識與自我意識的衝突

一、悟空的「惡」

孫悟空在取經之前做了很多「惡」事，如偷吃王母的蟠桃、攪亂地府，甚至還想當玉帝，稱霸天庭，一副天不怕地不怕的模樣。

可是他這樣鬧，玉帝能接受嗎？完全不能呀。一個沒有背景的野猴子，居然也欺負到我這個天庭主人的頭上了，那必須要嚴懲，可惜天兵天將不夠力，玉帝只能向如來搬救兵，所幸猴子不是如來的對手，被如來困在五行山下五百年。

每當看到悟空被困時，我心中多少會有點酸楚，因為我一直搞不清楚悟空到底是有錯還是沒錯。

小時候覺得他是沒錯的，孫悟空多厲害，一個人單挑天庭，居然沒有對手，這麼霸氣的人怎麼會有錯呢！甚至還幻想著自己要是孫悟空就好了。隨著年齡的增長，我發現孫悟空的確做了很多錯事，他怎麼能在不經允許的情況下就偷了

人家的仙丹與仙桃，這是犯法的事，是要受罰的，他有這個下場，完全是他自作自受。可是慢慢地，經歷多了，感悟也多了，再回過頭來評價這時的孫悟空，發現這根本就不是對與錯的事，而是自我意識和集體意識的選擇問題。

二、自我意識與集體意識

悟空的問題實際上是自我意識和集體意識的選擇問題。那什麼是自我意識與集體意識？瑞士心理學家榮格把自我分為「大我」和「小我」，他把「大我」比作一個圓的圓周，而「小我」就是這個圓的圓心，這裡的「大我」就是集體意識，「小我」就是自我意識。集體意識符合集體的利益，為集體考慮，是集體主義的呈現；而自我意識則是從自我出發，以個體利益為主，是個人主義的表現。

榮格對自我意識與集體意識的關係進行了闡釋，他認為，集體意識是大海，人的自我意識是大海中一些孤立的島嶼。集體意識先於自我意識而存在，是集體意識衍生出了自我意識。

雖然說自我意識沒有集體意識形成的時間長，但是它的威力可不容小覷。我們生活中的很多事情都是在自我意識的支配下進行的，比如說婚姻與家庭、工作與休息、興趣與會友等。如果沒有自我意識，我們的生活是很難進行下去的。

當然只要自我意識存在，就不可避免地會和集體意識相碰撞，從而引發出關於自我意識「善」與「惡」的論斷。其實所謂的「善」與「惡」都是相對集體意識而言的。如果集體意識規定要樂於助人，你一心為自己著想就是錯的；如果集體意識要求安分守己、遵守制度，你藐視法規、挑戰權威就是錯的。所以榮格認為，自我意識不僅是最大的善，還是最大的惡。

這也就是為什麼你覺得自己沒錯，但別人總認為你錯了的原因，說到底是自我意識和集體意識在較量。

三、悟空的惡：自我意識衝撞了集體意識

孫悟空被壓在五行山下，實際上就是他的自我意識太強，衝撞了集體意識的結果。

孫悟空想在天庭當官，這是他的自我意識，天庭也滿足他了。但是他想當大官，天庭卻沒有滿足他。沒有滿足怎麼辦，他就直接甩手不幹了。但天庭是等級森嚴、制度嚴苛的場所，天庭中的每一位神仙都遵守著這樣的法規，他們不會容忍一隻野猴子挑戰其權威。所以，當自我意識衝撞集體意識時，矛盾就產生了。

再者，王母娘娘的蟠桃，哪些神仙夠資格吃，哪些神仙不能吃，都是有明確規定的，可是孫悟空不知道，他就是嘴饞，想吃這些桃子，於是由著性子把好桃子都吃完了。蟠桃

沒有了，王母娘娘的蟠桃宴自然也沒辦成。王母很生氣，那些參加宴會的神仙們也很生氣。結果衝突又產生了。

鬧地府、偷仙丹也是如此。終於天庭忍無可忍，向孫悟空宣戰。此時的天庭已不單單是由於孫悟空做了這些「錯」事而懲罰他，而是由於他太猖狂了，根本沒有把玉帝和王母放在眼裡。他不守規矩，無視法度，一個勁兒地由著性子胡來，天庭如果再不收拾他，這石猴不知道還要惹出多少禍端。

之前自我意識和集體意識只是有矛盾，但還沒有發展到你死我活的地步。但是現在自我意識已經完全不考慮集體意識了，自己想幹什麼就幹什麼，並且還一直朝集體意識的對立面走，這可就危險了。天庭發飆，捉拿悟空，這就是集體意識在向自我意識宣戰。

四、集體意識主宰自我意識

集體意識到底是何方力量，為什麼它就不能容忍自我意識的所作所為呢？榮格給了我們答案。榮格認為，個人意識背後有一片巨大的海洋，或者說一股巨大的能量，它主宰著個人的思考、情緒和行動，這個能量就是集體意識。

集體意識比自我意識要強大得多，它不在我們的意識層面出現，但我們仍被它左右。很多人的心理問題都源於集體

意識和自我意識的明爭暗鬥。當自我意識與集體意識對立時，就容易引發焦慮、恐懼、不安的心理；當兩者吻合時，心理就會平和、安靜。但是這種集體意識經常被我們忽略，我們對它沒有清晰的認知，由此我們與它的關係就變成了一種隨機的、偶然的、不可控的事件。所以，認清這股集體意識的力量，對我們的人生來講非常重要，因為它才是我們內心的主宰。

談到這裡，你是不是覺得似曾相識，這不是我們傳統文化中的孔孟之道嘛！的確，華人信奉孔孟之道，講究仁、義、禮、智、信。正如孟子所講的四端之心：「惻隱之心，仁之端也；羞惡之心，義之端也；辭讓之心，禮之端也；是非之心，智之端也。」一個人擁有這四心，就擁有了仁、義、禮、智，就是一個有良知的人。相反地，「無惻隱之心，非人也；無羞惡之心，非人也；無辭讓之心，非人也；無是非之心，非人也。」一個人如果沒有這四心，就不配為人。諸如「你怎麼能幹出這種事，真是禽獸不如」、「這簡直不是人做的事」等等，都是在表明良知對一個人的重要性。

榮格透過對幾百個病例的研究，發現了比人的自我意識更強大的心理力量，他稱之為「集體意識」，其實這就是孔孟當年講的「良知」。

所以，不管自我意識在我們的生活中多麼強大，它最終還得受集體意識的約束。

五、悟空的「善」：自我意識接受集體意識的約束

悟空正是由於不服集體意識的約束，最終才被壓在五行山下受罰。不過自從加入取經團隊後，他就慢慢變乖了，開始漸漸遵從集體意識了。

但是，要想一個人短期內做出巨大的改變是不可能的，就連孫悟空也是如此，他那種無法無天、不服管教的性格也不是一兩天就能被磨平的。師父剛為他戴上了緊箍，他就想要打死師父，一點不念師父救他的恩情；強盜攔了他的路，他就一棒子全部打死，反過來還搶了強盜的衣服和錢財，完全沒有一點善良和寬容之心。

但是，慢慢地，和師父待得久了，悟空開始有了人性，有了善良之心，有了為夥伴著想的念頭。師父不相信我沒關係，我念及師父的恩情，說好要保護他西天取經的，就要說到做到！這些強盜想要殺我們，我稍微懲罰一下就行了，畢竟他們都有父母妻兒，父母還指望他們養老送終呢，我若把他們都殺了，他們的父母該多可憐呀！

就是這樣一點點地為他人著想，服從集體意識的約束，悟空從一個妖猴變成了鬥戰勝佛，修成了一個「從心所欲不踰矩」的大「善」人。

六、現代人的焦慮 —— 自我脫離了集體

雖說個人利益和集體利益是老生常談的話題。但很多問題都是出在這裡，我們又不能繞開它。現代人的焦慮問題，多多少少也是由它造成的。

「老人扶不扶」的話題一直爭議不斷。要是放在以前，那根本就不是問題，畢竟我們一直受的教育就是敬老愛幼、樂於助人。但是自從 2006 年中國發生了南京彭宇案，「老人訛錢」事件愈演愈烈，我們開始猶豫了。扶吧，他萬一要敲詐我怎麼辦？本來口袋裡就沒什麼錢，萬一他要我賠個幾百萬，我豈不是哭的地方都沒有；不扶吧，看他也滿可憐，多少有點於心不忍。這就是自我意識和集體意識在起衝突。

兒子在外事業有成，每個月匯五萬元給住在鄉下的媽媽，這在旁人看來肯定羨慕得不得了，但是媽媽卻不開心。因為兒子常年在外奔忙，根本就沒時間回家看自己，每個月只是固定地匯款。兒子覺得錢到了，媽媽就開心了，也算是自己的一片孝心，但是媽媽要的卻是孩子的陪伴與傾聽。兒子給的不是媽媽要的，媽媽要的兒子又給不了，這也是自我利益與家庭利益的衝突。

在心理諮商中，我發現那些感覺不幸福的人、心理不健康的人，他們都有一個共同點，那就是過分計較個人的得失，更不用說考慮他人的需求。比如他們總會抱怨自己被不

公平地對待，或者自己付出那麼多卻沒有得到想要的東西。

　　現代人的病根是什麼呢？榮格認為，就是強硬的自我意識遠遠地離開了它的母體「集體心理」，離開了人的良知，離開了人的靈魂。

　　仔細想想真的是這樣。我們從小受的教育就是要善良，要誠實，要做個正直的人。可是當我們真正走入社會後，迫於生存的需求或是為了更好地適應生活的需要，我們又信奉「實用主義」，以現實指標來評價人。本來想做一個正直的人，實際上卻成了圓滑的人；本來應該「心中怎麼想，嘴上就怎麼說」，卻被人指責「說話沒分寸」或「辦事不老練」。這種認知上的衝突一次次地挑戰我們的底線。

　　當下我們經常會看到這類資訊：別走得太快，等一等靈魂。「別走得太快」和「等一等靈魂」這兩句就是在說，人類的發展已經遇到反曲點了，需要轉身。過去我們拚命賺錢生存，現在經濟水準上來了，就應該從物質轉向精神，轉向追求真善美的部分。這就是應該要「轉身」，就像人們常說的「方向錯了，越努力離真實目標越遠」。

　　所以，現代人擁有的越來越多，痛苦和煩惱也越來越多，自我意識能為我們帶來創造和改變周圍一切的能力，又會讓我們深陷於與周圍的對立而不能自拔。我們能做到的就是回歸集體，去尋求那份丟失的良知。

七、集體意識成就的方法

每個人生來都有一顆純粹的心，但心會因為社會環境的變化而逐漸變得複雜。集體心理是處處為群體考慮的，是利他的，是不會將個人與群體對立起來的。這樣的心理是我們幸福的根源，是人與人之間關係和諧的根源，是社會能夠穩定，並且為每個個體帶來價值的根源。但是一個人的集體意識不可能一天之內便形成，這是一個慢慢建構的過程。

第一步，我們需要了解這種集體意識的意義。只有明白集體意識對我們生活的意義與價值，我們才會去追求它。

第二步，我們需要行動。我們可以捫心自問一下，是不是很多時候說得容易做起來難。比如我們看到電視裡或者報紙上報導有些人去做義工，覺得很不錯，於是自己也想去做做，可是真正將想法付諸行動的人又有幾個？所以我們常說，心動不如行動。集體意識的轉變是需要付諸實際行動的。

第三步，從小事做起。當我們有了想行動的心，我們就從身邊的小事、從力所能及的事情做起。不是一定要為國犧牲才是集體意識的實現，只要我們每個人都願意付出，「小小的我」也能成就「大大的我」。

都想吃唐僧肉：
過分依賴「樂觀偏誤」是很危險的

一、想吃唐僧肉

「唐僧是金蟬子轉世，十世修行的好人，吃了他的一塊肉，就可以長生不老。」不知從什麼時候起，妖魔界有了這樣的傳言。從此之後，各路妖魔鬼怪，無論法力高低，都在爭先恐後地搶吃唐僧肉。

可是唐僧肉是那麼容易吃到嘴的嗎？單是他的大徒弟孫悟空，就讓很多妖怪頭痛不已。但這些妖怪就有一股子「倔勁」，總想試試運氣這東西能不能降臨到自己身上，萬一真的吃到唐僧肉了呢！

二、先騙過再說

隱霧山的豹子精，就存有這樣的心思，明明自己的戰鬥能力一般，也很害怕孫悟空，但就是禁不住唐僧肉的誘惑。

那怎麼辦，只能仰仗各位小弟了。於是他挑選了三個能幹的、會變化的小妖，變成了自己的模樣，讓他們一個和孫

悟空打，一個和豬八戒戰，一個和沙和尚鬥，等支開這三個徒弟後，豹子精就輕而易舉地拿下了唐僧。

唐僧是抓住了，可是還不能吃，萬一孫悟空來尋仇怎麼辦？豹子精很清楚自己不是孫悟空的對手。於是又試圖以假亂真，蒙混過關。

他把柳樹根砍成人頭模樣，再噴上些人血，一個血肉模糊的腦袋就誕生了，再讓一個小妖用盤子端到門口，用意很明顯，就是告訴孫悟空：你師父已經被我們吃了，你不用白費力氣來救了。誰知悟空是個識貨的，憑藉響聲就斷定這是個假人頭。再用金箍棒打破一看，竟是個柳樹根。

豹子精看到假人頭騙不過孫悟空，就索性拿來一個真人頭，孫悟空幾人果然信了，一個個淚流滿面，傷心欲絕。

三、樂觀偏誤知多少

豹子精武力平平，竟還敢蒙騙孫悟空，這不是在找死嗎！還用柳樹根當人頭，這更是把孫悟空「當猴耍」了。可是他為什麼敢這樣做呢？這就要提到樂觀偏誤（optimism bias）的概念了。

樂觀偏誤，相信大傢伙都不陌生，就是指妄想透過某種巧合，或賭上偶然的機率，取得成功、趨利避害的個人想法。其實樂觀偏誤就是自我麻醉，它的潛臺詞就是：「萬一成功了

呢」、「這種事情可能發生在我身上」、「我不會這麼倒楣的」。

我們每個人都或多或少地存在樂觀偏誤，它是人們在面臨困境時自我保護的一種本能。

比如當人們遇到壓力、危機時，就會感到焦慮與恐懼，如果我們對這種消極情緒不管不問，任由它發展，它很快就會侵占我們整個身心，從而導致精神或身體疾病。這種結果可是我們不願意看到的，所以一定要採取行動阻止消極情緒的蔓延。拿什麼來阻止？就是消極情緒的勁敵——積極情緒。只要積極情緒占主導，消極情緒就乖乖退出了。這是個好辦法，大腦就這樣拍板決定了。於是引導積極情緒的認知系統就開始活躍了。

今天睡過頭了，很害怕遲到，焦慮到不行，怎麼辦？這時大腦就傳出一個聲音:別害怕，萬一也有別的同事遲到呢？萬一今天老闆不在呢？萬一主管不追究呢？萬一沒人注意到我遲到呢？……這樣一想，你是不是就沒那麼焦慮了？

所以，遇到緊張的情景，樂觀偏誤會造成自我安慰的作用，讓我們不那麼焦慮、不那麼惶恐。它其實就是一種心理「大保健」。

大保健不能治病，同樣地，樂觀偏誤也不能解決實際問題，它只能暫時穩定人的精神。如果我們過分依賴樂觀偏誤，就會產生心理衝動，使違背常態的事情以更大的加速度

開始膨脹，從而導致災難性的行為發生。比較典型的例子就是賭博與吸毒。總之，樂觀偏誤雖是一種自我保護本能，但千萬不可過分依賴它。

四、過分依賴樂觀偏誤的後果

樂觀偏誤是個體面對困境時一種自我保護的本能，豹子精為了防止孫悟空前來復仇，為了保全自己的性命，就會尋找方法來解除這個困境，從而緩解自己擔驚受怕的心理。

豹子精知道孫悟空喜歡別人奉承，就覺得只要向孫悟空說些好話，哄一哄他，他就不會來復仇了。於是才有了小妖殷勤地叫「大聖爺爺、大聖爺爺」，才有了柳樹根版人頭被識破又來了個真人頭的這種戲碼。

豹子精以為把人頭交出去了，自己就可以安心吃唐僧肉了。殊不知正是這種樂觀偏誤害了他。孫悟空收到人頭後，更加憤怒了，說什麼也得為師父報仇，可憐的豹子精就這樣被人端了老窩，肉身也被豬八戒一耙子打死了。

過分依賴樂觀偏誤的妖怪又何止豹子精一個，白骨精也是被自己的樂觀偏誤給害死的。白骨精要武力沒武力，要法寶沒法寶，就這樣單槍匹馬，直衝唐僧師徒而來，要知道齊天大聖孫悟空可不是省油的燈，不是你隨便蒙混一下就能過關的。但這隻白骨精樂觀偏誤太重，總感覺自己的變化可以瞞天過海。

第一次變幻成民婦被識破後，白骨精就對孫悟空的本領感到驚訝：「只聽說這猴子有些本領，沒想到他這麼厲害。」可是白骨精不甘心，不能讓快到手的唐僧肉飛了，於是就有了第二次變幻，想著這次應該能騙過孫悟空了，誰知又被孫悟空一棒子打死了肉身。白骨精此時驚恐萬分：「不是吧，我這樣變幻他也能認出我，看來還是我太輕敵了，我就不信第三次變幻還能讓他識破。」結果呢，第三次變幻照樣被孫悟空識破，自己也由此送了命。

妖怪想長生不老，這本身並沒有錯。孫悟空萬里學藝，大鬧地府，偷吃蟠桃、仙丹、人參果，不都是為了長生嗎？但孫悟空與他們不同的是，孫悟空是有真功夫的，而他們一個個抱持樂觀偏誤，寄希望於偷搶拐騙上。雖說樂觀偏誤人人都有，但錯把樂觀偏誤當飯吃，只會是聰明反被聰明誤，自己也終被樂觀偏誤害了命。

五、樂觀偏誤也是人心的一大毒瘤

當然在現實生活中，我們不會像妖怪那麼傻，因樂觀偏誤送了命。但是憑著樂觀偏誤，違反安全法規、違反道德的可是大有人在。

酒後駕駛就是在樂觀偏誤驅使下鋌而走險的行為。有調查顯示，40％的酒後駕駛者「高估自己的駕駛技術」，27％的

酒後駕駛者「安全意識不強」，19%的酒後駕駛者「存在樂觀偏誤」。他們都認為自己以前飲酒駕車從來沒有發生過事故，也沒有被交警開罰過，又經常看到其他人酒後駕駛，於是便也在樂觀偏誤之下酒後駕駛，豈不知一失足成千古恨。

另外，許多被革職查辦的官員也都是因為存在「樂觀偏誤」才遭受牢獄之災的。一些官員貪汙行賄、欺上瞞下，就是想當然地認為司法檢查不會追究到自己身上、只要不被發現就可以瞞天過海。其實這只是一種「自欺欺人」的做法，越過法律紅線，任何人都要承擔嚴重後果。

而那些婚內出軌的男人也是出於同樣的心理。本來夫妻雙方感情和和睦睦的，有些男人卻禁不住誘惑，有了婚外情。對妻子不忠後，男人又不想離開妻子，就企圖瞞著妻子繼續過日子。但世上沒有不透風的牆，妻子知道後自然不能忍受，於是離婚大戰就爆發了。

酒後駕駛、官員腐敗、老公出軌這些都是樂觀偏誤引發的大事件，他們違反法律與道德，自然不會被忽視。生活中還有一些小事也是由樂觀偏誤引起的，只不過沒有被太留意而已。

看到馬路上沒有車，覺得很安全，就隨便闖紅燈；這個章節有點難，覺得考試肯定不會考，就放棄複習；老闆沒問起專案問題，覺得不是很緊急，就隨意拖延……

我們想當然地以為災難不會降臨到自己身上，自己也不會那麼倒楣。可是萬一有一天，事情就是這樣發生了：一輛煞車失靈的卡車突然襲來，於是事故就釀成了；考試正好就考了這個章節，於是考試就失利了；老闆突然要檢查這個專案，於是你就被炒魷魚了。所以，不要小看樂觀偏誤，它也是我們人心的一大毒瘤。

六、避免僥倖有妙招

那面對樂觀偏誤，我們究竟應該怎麼做呢？畢竟人之本性，不易改變。在《西遊記》中，不管前面死了多少妖怪，後面來的不還是照樣爭相吃唐僧肉？

所以，要避免樂觀偏誤是很難的。但是難並不代表沒方法。這裡提供兩種思考方法，以供大家參考。也許看完之後，大家就知道該怎麼做了。

1. 要有危機意識

老子告訴我們，「禍兮福之所倚，福兮禍之所伏」，我們要辯證地看問題。不想讓壞事情發生在自己身上，這是人之常情，可是我們同時也不能忽視它的危險性。萬一危險真的降臨到自己頭上，我們該怎麼辦？總得有個解決之策才行。

所以我們做事情，不要只抱著樂觀偏誤，也得想想後

果。如果後果是你承擔不起的，那就奉勸自己一句別想著鑽漏洞了。

2. 對問題的源頭下手

樂觀偏誤是一種自我保護本能，其主要作用就是避免自己受到傷害，可是我們為什麼會受到傷害呢？問題的源頭就是我們所要關心的。

如果是因為面對困境無法解決，那就要想辦法解決問題。比如覺得專案太難，自己無法完成，才一拖再拖，那就請同事一起幫忙，或者向主管說明情況。比如覺得經濟壓力很大，才寄希望於股票和樂透，那就花點時間提升自己的能力，或者利用業餘時間做點兼職。如果是想讓自己獲得更多的好處，那就要好好審視一下自己的人生價值觀。我們不能只看到自己沒有擁有的，還要看到自己現在擁有的。有些人想要獲得更多的金錢就挪用公款，由此毀掉了自己的前途，這種人本身價值觀就出現了問題。

火焰山與黃風怪：
環境對心理的影響

一、自然環境的阻礙

在八十一難中，有一部分妖怪不是唐僧的心魔，也不是社會上遇到的誘惑，而是大自然的阻力，最典型的就是火焰山與黃風怪。

火焰山烈火熊熊，那真的是熱得要命，沿用原文的話講，就是：「八百里火焰，四周圍寸草不生。若過得山，就是銅腦蓋，鐵身軀，也要化成汁哩。」唐僧一聽火焰山這麼厲害，大驚失色，立刻就沉默不語。

這就是大自然的魔力。任憑你的意念再強烈，再怎麼想向西行，在火焰山的阻礙下，你的內心也會有所動盪的。

除了火焰山的阻礙，還有黃風怪的襲擊。說起這風，那真是「播土揚塵沙迸迸，翻江攪海浪濤濤」，能把天地吹暗，能讓鬼神發愁，能要懸崖崩裂，能使性命不保，比現在的颱風和龍捲風還恐怖。

悟空起初不知黃風怪的能耐，直接去挑釁，結果就被狂

風一下子刮上了天，就像那陀螺一樣，一直在空中不停地翻滾。這時候別說掄金箍棒，就連眼睛也差點被風給吹瞎了。雖說悟空有能耐、有本事，但在這黃風面前，根本施展不出，無奈只好冒風逃跑，敗下陣來。悟空心裡氣到不行，甚至開始心生怯意：這呼風喚雨我也會，卻不像這個黃風怪的這麼厲害，看來是很難贏他了。

二、環境對心理的影響

自然環境與人的性格、心理的關係是一個值得注意的問題。「史學之父」希羅多德曾有「溫和的土地產生溫和的人物」之名言。而近代西方地理學派的代表人物孟德斯鳩認為：自然環境決定人們的性格和心理。

孟德斯鳩認為，寒冷的氣候容易使人養成坦率誠實、精力充沛、勇敢而有信心的性格，而生活在炎熱氣候中的人們則易頹廢懶惰、膽怯無力。土地的肥沃情況也會影響人們的性格心理。土地肥沃使人容易養成一種依賴性，貪生怕死，易屈服於強者，不是那麼渴望自由；土地貧瘠則使人勤勉持重，堅忍耐勞，勇敢善戰。

另外，自然環境的變化也會引發心理問題。比如我們換了一個新環境，無法適應，就會引發焦慮、拘謹、恐懼等適應性問題；自然災害的暴發，如地震和海嘯，會造成巨大的

財產損失和人員傷亡，易引發創傷後壓力症候群。所以，面對大自然，我們不能太強勢。

三、自然災害擾亂了心神

唐僧懼怕火焰山，悟空也擔心黃風怪。這就是大自然的厲害之處，在自然面前，任憑他們再強大，都產生了不小的心理動盪。

唐僧起初聽到老者介紹火焰山的厲害時，已是「大驚失色，不敢再問」，知道徒弟被鐵扇公主給的假扇子騙了之後，更是「愁促眉尖，悶添心上，止不住兩淚交流」，口中還止不住地抱怨：「這可如何是好！」唐僧是想早日到達西天的，可是有經的地方有火，無火的地方沒經，為了能走過火焰山，唐僧一直處於焦躁和煩悶的狀態中。直到芭蕉扇搧滅了大火，唐僧才解躁除煩，清心了意。

孫悟空也是個天不怕地不怕的，好多妖怪他都不放在眼裡，但在黃風怪這裡悟空卻栽了個大跟頭，眼睛還差點因此失明。要不是貴人相助，我們的齊天大聖可能真的要變成「瞎眼猴」了。不過再一次和黃風怪較量時，悟空長了記性，他不再直接和黃風怪對陣，而是先變成一隻小蚊子去敵方陣營打探一下軍情。當聽到黃風怪說起他害怕靈吉菩薩時，悟空才找到了解救師父之法。

四、我與「黃風怪」的較量

其實黃風怪的厲害之處，我也是親眼看見過的。之前我在中國搭火車，經過新疆吐魯番市鄯善縣時，就真真切切地感受到了「黃風怪」的威力。

當時我坐的列車正在軌道上正常行走，突然廣播響了起來，說是遇到大風，火車無法正常行駛。原來火車當時走的這段路，是新疆著名的「百里風區」，春秋兩季常刮 10 級以上的大風，大風颳起來時，飛沙走石，極易砸碎車玻璃，甚至還會掀翻汽車和火車。所以，遇見大風沙，車輛禁止行駛。我們的火車就這樣停了 8 個小時。

我當時十分感慨，寫了一段日記，內容大概是這樣的：

當年玄奘取經的時候，科技不發達，他遇到這樣的大風，只能躲起來。古時人們對自然有一種天然的崇拜，就把不能解釋的自然現象想像為神靈鬼怪，並說這是妖怪作祟，傳著傳著就變成了玄奘西行求法遇到的黃風怪。現代社會，有人喊著人定勝天，但是勝得了嗎？火車到這裡不是一樣要停嗎？

火車要在這裡停 8 個小時，我就想著到鄯善縣城去找間旅館住。但是旅館都住滿了，計程車載著我跑了 20 多間旅館，才找到了一家有空房間的。我入住後打開電視一看，新聞正在播報因風沙太大，好多小轎車直接被掀翻的新聞。這就是大自然的力量。

　　我們只有親自跑到那個地方被「黃風怪」吹一回，才能夠真正地體驗到其中的艱難。所以西行路上，唐僧必須時時刻刻唸《般若心經》，告誡自己要堅持，告誡自己有困難也能突破，這樣才能勇往直前。

五、心理風水

　　自然環境的優劣對人有直接的影響，除此之外，還有一個環境對人的幸福也有著直接的影響，那就是心理環境。如果說自然環境有風水，那麼同樣地，心理環境也有風水。兩者是相對應的，自然界有什麼，心理世界也會有什麼。

　　在香港「鬼片」中，經常會出現這樣一個鏡頭：一位道士模樣的人，走在大街上，正對面走來一個人……道士開口：「先生慢走，我看你印堂發黑，兩眼無神，是不是在什麼不乾淨的地方住過。」這個「不乾淨的地方」指的是什麼？其實就是危害人身體和心理健康的環境。

　　如果一個人住在三條臭水溝旁邊，他的眉頭就容易緊皺，心情就會比較失落，身體裡的活性細胞也會漸漸減少；如果一個人長期在陰暗潮溼的環境中生活，他的心理空間也會逐漸地失去陽光和養分。

　　大學期間，學生們個個臉上都充滿朝氣和活力。等五年、十年之後，大家參加同學聚會的時候，我們就會發現有

些人不像過去那麼陽光了，他們顯得憔悴、滄桑、消瘦。為什麼會這樣？是因為錢賺太少嗎？不是的，別人也有薪水不高的，卻並沒有如此；是因為沒有當老闆才這樣？也不是，別人也沒有當老闆，生活過得也不錯。繼續追溯，你會發現，最根本的原因是他的「心理風水」出了問題，他沒有為自己建立一個健康和諧的生態環境。

自然生態環境中要有樹、有風、有陽光、有水，這樣生態才會平衡。心理生態也同樣如此。

我跟大家分享一個關於「包子」的故事：

有一個完美出鍋的小包子，被所有人喜愛。後來，喜愛它的人一個個離開，沒有人把這個胖乎乎的小包子捧在手心了，結果這個包子被放在了一個陰冷潮溼的角落裡。沒有任何「養分」，開始「發霉」，越來越醜、越來越黑、越來越臭……小包子很痛苦，想結束自己的生命，或者就這樣自生自滅……

偶然間，小包子在黑暗、陰冷、潮溼的縫隙裡看到了一束光，這束光是那樣明亮、那樣溫暖，小包子很是渴望，於是它開始掙扎，想要更多地感受這束光帶來的光明和溫暖，它拚命地往前擠、拚命地擠，想要逃離這裡……終於，小包子從那個透著光的縫隙裡擠了出來！看到了一番新的景象，這裡有足夠的光和熱讓它享受和汲取……

現在它身邊多了好多人，它被大家看見了！還受到了好多人的喜歡！她們把它洗乾淨，放在一個可以吸收到更多陽

155

光的地方。小包子感覺身上發霉的地方在一點點地脫落，它在慢慢地變白……

其實這個故事是借物喻人的。「小包子」是我的一個學員，她遇到的那束光就是她的乾媽，是乾媽的那份愛、那份堅持成就了她現在「熱氣騰騰」的樣子。

六、優化心理風水有妙招

建立良好的心理風水，最需要的就是給予自己溫暖和力量的「太陽」，這個太陽會驅趕我們內心的潮溼與陰暗。

我們一生之中會遇到多個「太陽」，但是最為主要的有三個：

◆第一個太陽是父親

傳統思想文化中的「五倫」，講述五種關係的和諧才能造就一個人的幸福快樂。「父子有親」作為五倫之首，強調的便是父母和孩子的關係。

很多時候，提到父親，我們更願意用「深沉」、「含蓄」這樣的詞語來形容，其中便可看出父親是不善於表達情緒和愛的，這其中的原因，除了男性本身不善於情緒表達之外，還因為父親在孩子教育中的責任，決定著父親需要扮演一個更嚴肅、更堅強的角色。

◆第二個太陽是老師

「師者，所以傳道受業解惑也。」而我更願意在老師的作用中加上一個引領方向、樹立榜樣。老師對於學生的重要性是毋庸置疑的，剛踏入國小校門的孩子，也知道模仿老師的言行舉止，並且以此為榮。

◆第三個太陽是朋友

複雜的社會環境，容易使我們心理上產生不信任感，而這種不信任感又在某種程度上造成大眾心理的「孤島效應」。我們害怕受到欺騙和傷害，就戴著「面具」與人交流和交往。但是「面具」戴得多了，我們的內心世界也會像沙漠般死氣沉沉。

所以，要想「綠化」自己的心理生態環境，就要從「心理玻璃房」中走出來，去交朋友。俗話說：「大樹底下好乘涼！」朋友的意義也正在於此。當我們遇到困難，需要心理安慰、需要傾訴、需要支援的時候，朋友就是一棵可以依靠的大樹，為我們遮風擋雨。

第三章　發展我們的情

人類在出生時，帶著感情而來，我們既是情感的攜帶者，也是情感的化身。社會中越充斥著高科技造就的理性產品，我們就越渴望更多情感的輸入與輸出。渴望情感很正常，所有的感情在本性上都是良性的，但是我們應當避免對情感的濫用或誤用。

在《西遊記》中，八戒的熱情嚇跑了施主，神仙的報復讓百姓遭了殃，唐僧的過度善良也讓他一次次深陷險境……這都是情感過度帶來的不良結果。

八戒的熱情嚇跑了施主：
與人交往，要溫度匹配

一、八戒太熱情了

八戒的性格憨厚可愛、滑稽搞笑，給讀者和觀眾帶來了很多的歡樂，這一點是毋庸置疑的。但若是從人際交往的角度審視八戒的言行，便能很明顯地感受到他的熱情過頭了。

你看，八戒每次遇到美女，就主動上前搭訕；每次師父說要投宿，八戒跑得比誰都快；一聽說老者家中有飯菜，八戒直接就殺到人家廚房了；一看到有人來送飯，八戒嘴上就像抹了蜜似的叫「姐姐，姐姐」……可是即便如此熱情，八戒往往還是會碰一鼻子灰，不是美女被他的醜陋模樣嚇跑，就是老者被他那魯莽粗俗的態度給驚呆……

反觀唐僧，每次化齋或者投宿前，總會彬彬有禮地介紹自己：「貧僧奉朝命往西天拜佛求經，因過寶莊，特借一宿，明日早行。」這一句經典有禮的自我介紹，把自己從哪裡來，要到哪裡去，想在這裡做什麼，什麼時候會離開，全部都一一說明。在知曉其來意後，老百姓也就沒什麼可防備的，往往會客客氣氣地把他們邀請進屋裡好生歇息。

二、人際交往要保持適度

從八戒和唐僧這反差的言行中，我們可以發現，人與人之間的交往，還是要適度比較好，這裡說的適度既包含物理上的空間距離，還包括雙方心理溫度上的匹配。

首先我們來看空間距離。任何人都需要有一個在可控制範圍內的自我空間，這個空間是私人的，不隨意向他人開放。一旦有人入侵了這個私人領地，主人就會感受到不舒服和不安全，甚至還會惱羞成怒。

有學者曾進行了這方面的實驗。在一個寬敞明亮的閱覽室裡有很多空座，一個青年正在桌子旁邊認真地看書，這時來了一個人（實驗者），緊貼著青年坐了下來。青年覺得不舒服，立刻換了離實驗者遠一點的位置。實驗者坐了一會兒之後，又起身離開了，再次貼著一個女孩坐了下來。女孩的反應和之前的青年差不多，也是換了離實驗者遠一點的座位。

實驗者後來又嘗試了很多次，坐在不同年齡層的讀者旁邊，受到的待遇和先前基本相同：在有很多空座的前提下，沒有一個閱讀者能忍受一個陌生人緊貼自己坐下。這就說明陌生人之間的交流，是存在舒適的生理距離的。

除了空間距離外，心理的溫度匹配也對人際交往非常重要，這也是本篇內容討論的重點。在和陌生人的交流過程中，如果你的行為舉止表現得太過於熱情，可能會把對方嚇

跑，還可能會讓對方覺得你居心叵測。心理溫度的匹配，其實就涉及「冰人」與「火人」的相處原則。

火人，顧名思義，就是很陽光、很熱情的人。冰人，就是那些拒人於千里之外、處處防著別人的人，這類人的內心往往比較冰冷，所以我們稱之為「冰人」。試想一下：如果讓一個火人去幫助一個冰人，這個火人究竟要怎麼做才能讓冰人不產生強烈的排斥呢？

如果火人過於熱情，直接上來就想擁抱冰人，想把自己的溫暖傳遞給冰人，那麼冰人的第一反應肯定是急忙逃走！為什麼呢？因為冰火相剋，兩者是勁敵。火想要溫暖冰，但也要考慮到冰的承受能力，一團大火過來，冰可能就要融化、消失了……

那火人應該怎麼做呢？其實可以稍微改變一下自己，如火人變成一條棉被，用棉被來包裹冰。因為棉被的溫度適宜，既不會灼傷冰人，又能讓冰人感覺到溫暖和安全。所以，冰人對棉被是不會排斥的。

當冰人漸漸地感受到溫暖與愛的時候，火人就可以引導冰人，放下棉被，到水溫相對高一點的游泳池裡去玩耍。因為棉被的溫度已經讓冰人可以接受和適應了，接下來就要引導冰人自行發熱。游泳池裡都是水，這是冰人的近親，並且溫度也在冰人可以接受的範圍之內，冰人會接受這個建議的。

當冰人跳入游泳池的時候，它會感覺到舒適，但同時它

也在慢慢地融化，這個時候，冰人會有一種即將消失於世間的恐懼感：我是不是要化掉了？我要趕緊離開這裡！這個時候，在一旁靜靜觀察的火人就要鼓勵它：「不要逃跑，你本來就是一汪溫水，而不是一塊冰坨子。」當冰人得到火人的鼓勵後，它不再反抗，開始默默接受自己的融化，允許自己變成水的樣子。

冰人變成了溫水，在這個轉化的過程中，火人本質上一直保持著溫暖的狀態，只不過需要把自身的溫度進行調整，先由火熱轉向溫暖，再由溫暖轉向適宜。火人的溫度要匹配冰人的溫度。

就像天氣太熱，會晒傷我們；天氣太冷，會凍壞我們一樣，我們對天氣的溫度存在喜惡，在人際交往中也同樣講究溫度匹配。

三、原來是由於熱情不匹配

與人交往，既要懂得空間距離，也要注意心理溫度的匹配。在這一點上，八戒確實需要向師父好好取經。

八戒這個「憨貨」，總是難以把握人際交往中的空間距離，一旦遇上美人和美食，就眼巴巴地往施主面前套近乎，他那過於招搖和非比尋常的形象本來就讓人吃驚，再加上太過於「自來熟」了，所以大多數的結果都是把施主們給嚇跑了。

如果拿冰人和火人的形象來比喻的話，八戒就是實打實的「火人」，而八戒遇到的那些施主們就相當於「冰人」。如果「火人」不注意調節溫度，一直保持著灼灼烈焰，就很容易傷害到「冰人」。所以每次化齋投宿，八戒那種「火急火燎」的言行就容易遭到房主的誤解。

反觀師父呢？言語彬彬有禮，行為端端正正，讓人一接觸、一交流，就有一種如沐春風的感覺，他既給人一種適當的距離感，也讓人有一種安全感，故而容易贏得人們的信任。

所以，面對面地化緣或者借宿時，只要唐僧出馬，很快能搞定，但是八戒一張嘴，往往就會遭到拒絕。這充滿反差的結果，原因就在於交流雙方的心理溫度不匹配。

四、溫度不匹配讓人很難接受

在我們的日常生活中，因為人際交往的溫度不匹配嚇跑對方的事例其實並不少見：

在逛服飾店時，明明我們只是隨便逛逛，而店員卻一直跟在身後不停地推銷，弄得我們不買都不好意思了。所以為了避免尷尬，大多數人都沒有來得及欣賞完店內的服裝款式，就趕緊離開了，可能以後逛街都不會進這家店了……

高中生平時在校的課業負擔很重，回到家後就想要放鬆

一下。可是當媽媽的卻有操不完的心，經常詢問孩子功課寫完了沒有，有沒有和同學好好相處，和老師關係處得怎麼樣等問題，孩子實在受不了了，乾脆鎖上門，獨自待在房間裡……

一位頭髮花白的老奶奶蹲坐在地上，她面前擺著很多繡花的鞋墊和珍藏的連環圖畫。老奶奶的初衷，是想讓大家認可她的手藝，欣賞她珍藏的連環圖畫，只要大家覺得有用和有趣，買一兩件就可以了。哪知道後來大家都把她當成了需要救濟的「乞丐」，紛紛拿錢來捐助。由於前來救濟的「好心人」越來越多，老奶奶迫於熱情的壓力，拖著小車離開了……

上述的店員、媽媽、好心人，他們有什麼錯呢？店員積極服務進店的顧客，媽媽主動關心孩子的狀況，好心人救助老人，他們的初衷是沒有錯的，問題就在於他們沒有拿捏好分寸。

如果顧客沒有要買衣服的心思，店員表現得太熱情，就容易讓顧客產生「消受不起」的心理，為了減緩心理上的緊張，顧客就會選擇匆匆逃離。同樣地，如果孩子沒有想要深入交談的意願，媽媽不停地追問便會引起孩子的牴觸心理。而老奶奶只是想讓大家認同她的對象，如果我們只是出於同情心去「接濟」她，忽視東西，就會嚇跑老人家。

我們具有愛的能力，但同時我們還需要具備愛的智慧；我們懷有善良之心，但同時我們還需要有助人的方法。

五、人際交往有妙招

　　我們是社會中的人類，我們需要歸屬感，需要尊重和愛，需要在與人交往的過程中得到愉悅的體驗。所以在人際交往的過程中，懂得溫度匹配的原則很重要。

　　八戒與唐僧受人歡迎程度的對比，就是一個很好的證明，被熱心人嚇跑的老奶奶也是一個生動形象的例子。

　　那我們該如何掌控好人際交往的溫度呢？我的建議是，要用比他人可接受的溫度再高一點點的溫度去對待他們。比如說：他的心理溫度是攝氏零下 30 度，那就帶他進入零下 10 度的房子裡；如果他的心理溫度已經升高到零下 10 度，那就帶他進入 0 度的空間……按照這樣的步驟，循序漸進。一定要考慮到對方的接受程度，不要一下子就給出 100% 的愛和溫暖。

　　我在另一本書中也有提到具體的方法，這裡我就引用一下。

1. 人際關係魔法尺

　　這個技術的創作理念就是基於人際交往的空間距離。任何人都擁有私人領地，私人領地是不允許他人隨便進入的。此技術主要是測量個人的私人領域。具體操作流程是這樣的：

◆ 邀請一個帶領者（最好是要懂得人際距離理論），相約幾個夥伴（可以是非常熟悉的，也可以是不太了解的），在一個空曠的場所中，體驗此技術。

◆ 成員選擇位置。當宣布「開始」後，在這個空間內，每個人都要去尋找一個自己覺得最願意站的地方，然後在那個地方站好。在這個過程中，可以多次調換位置，因為別人的選擇也會影響到你。但是在你調換的時候，記住用心去體驗你為什麼要做出這個調換，以及在你想要調換時內心的感覺。

◆ 測量距離。等沒有一個成員再進行位置轉換時，帶領者拿出「人際關係魔法尺」，測量每位團體成員和其他人的距離為多少。（「人際關係魔法尺」是我本人研發的心理工具）

◆ 帶領者講解社交中的四種空間距離。

◆ 每個人分享自己在這個過程中的選擇過程，以及內心的體會。

2. 心靈感應大循環

在現實生活中，相信大家會有這樣的感受：你站在某人身邊會感覺不自在，但是站在另外一個人身邊就會感覺很舒服。這就是我們對不同對象的不同感受。

「心靈感應大循環」就是幫助團體成員尋找不同的活動對

象，進而建立和諧的人際關係。此技術包含 3 個活動環節和 1 個分享環節。

(1) 第一個環節―選擇學習夥伴

所有成員圍成一個圓圈，相鄰的兩人要有身體的接觸，保證兩人之間沒有空隙。然後選擇一個成員作為自己的學習夥伴，當帶領者釋出「開始」指令時，全部人員一起用右手指向所選擇的學習夥伴。

如果兩個人都選擇了對方，那麼他們的選擇就是成功的，可以暫時離開這個圈子，先到旁邊觀看，但不能說話。

沒有選擇成功的成員，繼續圍成一個圈子。仍像之前一樣，選擇學習夥伴，選擇成功，便可離圈觀察，直到最後所有團體成員都選擇成功。

(2) 第二個環節―選擇遊戲夥伴

按照第一個環節的操作，選擇一個人來作為我們的遊戲夥伴，但不能選擇剛才已經選擇過的人。選擇完成後進行分享：我為什麼會選擇你？時間為 3 分鐘。

(3) 第三個環節―選擇聊天夥伴

同上操作，選擇一個人來作為我們的聊天夥伴，但不能選擇剛才已經選擇過的人。選擇完成後進行分享：我為什麼會選擇你？

(4) 分享環節

分享的話題是：透過這三個活動，你發現了什麼？

神仙也在報復：人人都有的報復心理

一、神仙的另一面

在唐僧師徒的取經路上，有這樣一群妖怪，他們是經過上級的許可，或者是奉了上級的命令，才來人間做妖怪的。但是對於疾惡如仇的孫悟空來說，他才不管你是什麼出身，遇到了就直接開打，打不過就去搬救兵，反正就要徹底消滅你。

可是偏偏在剷除妖怪的最關鍵時刻，妖怪的主人出現了，那些神仙並沒有因手下人闖禍有絲毫的愧疚，相反還理直氣壯地說，這個妖精造的孽就是唐僧師徒應受的劫難。然後揮一揮衣袖，帶著「罪犯」回家了。

神仙是什麼？在老百姓的心目中，神仙是能解救他們脫離苦海的大救星。可是，這些縱容妖怪行凶的神仙不但沒有幫助百姓斬妖除魔，而且還是加害廣大百姓的幫凶。

二、佛母報復朱紫國

在《西遊記》中，佛母是西天孔雀大明王菩薩，她曾經吞吃過如來佛祖，可是如來不與他計較，不但赦免了這隻孔

雀，而且還尊奉她為西方的佛母。從此這位大名王菩薩便正式成為佛教高層中的一員。

按理說，這個高高在上的佛母不可能和凡人產生交集，更不用說結下仇恨來，可是偏偏朱紫國國王不幸與之結下仇怨。

當時這個國王還是太子，弓箭技術十分了得。有一天打獵的時候，太子射傷了一隻雄孔雀，射死了一隻雌孔雀。這件事看起來很正常，打獵本就是射殺獵物，取得戰利品。可是太子運氣背就背在，這兩隻孔雀不是普通的孔雀，他們是西天孔雀大明王菩薩，也就是佛母的孩子。

朱紫國太子傷了祂們，那可是倒大楣了。佛母一怒之下，發下誓言：喪女之痛，傷子之過，我必定要讓你朱紫國沒有好日子過！於是就有了後來賽太歲擄走金聖宮娘娘三年的事情。

雖說賽太歲是觀音的坐騎，但佛母畢竟也是如來名義上的母親，尊貴的地位擺在那裡，觀音也是要給幾分薄面的。既然「老佛爺」發了話，觀音便只能聽從了。於是委派賽太歲到朱紫國，還交給他一件寶貝 —— 紫金鈴，讓他「拆鳳三年」，懲罰國王，平息佛母的怒火。

本來賽太歲只需要完成自己的任務，三年時間一到，自然就可以回到觀音身邊。不幸的是，牠碰上了孫悟空，眼看就被孫悟空收服了，觀音及時趕來，帶走了賽太歲。

三、報復心理是一種防禦

佛母是出於報復心理，才來懲罰朱紫國國王。這裡就要思考一下報復心理了。什麼是報復心理，竟然讓清心寡欲的佛母也為之所困？

心理學上給的解釋是：報復心理是由於個體的行為對他人的利益產生了一定程度的損害，於是那些利益受損者就會想辦法對傷害他的人進行報復。其實報復心理就是對於自我利益受損的反抗，屬於自我防禦保護機制的一種。

自我防禦機制最先由西格蒙德・佛洛伊德提出，之後他的女兒安娜・佛洛伊德對此進行了系統的研究和完善。安娜在著作《自我和防禦機制》中強調：「每一個人，無論是正常人，還是精神官能症患者，其某些言行都在不同程度上運用防禦機制。」

防禦機制的產生源於生命的強力意志。在人類演化和生存的賽局過程中，「投桃報李」和「以牙還牙」（統稱「一報還一報」）都屬於演化優勢策略。所謂適者生存，那些弱勢策略逐漸被這些優勢策略所淘汰和取代，於是我們的骨子裡就繼承了祖先遺傳下來的這些本能。

也就是說，我們在日常生活中，都會用到心理防禦機制。當面臨挫折或衝突的情境時，我們就會不自覺地想從煩惱的狀態中脫身而出，由此我們會採取一些行為，來減輕內

心的不安感。報復心理也是防禦機制的一種，防禦機制人人都有，報復心理也是我們逃脫不掉的一種緊迫（stress）狀態。

人們在感知到外界的不善、批評或者中傷時，會產生消極的情緒體驗，如挫敗感、屈辱感。這些消極體驗久久困擾著人們。由此大腦會對這些負面體驗做進一步的認知加工，這個過程有可能會強化那些負面情緒，出於自尊感或者過度防衛的考慮，人們傾向於得出偏激的、誇大的結論。這時人們會對傷害自己的人產生怨恨，甚至有可能採取一些行為進行報復。

那些具有極強自制力的人們，即使他們並沒有把報復之心付諸行動，我也認為他們是存在報復心理的，只不過沒有外化而已。

四、報復心理也要適當控制

報復心理雖然是一種自我防禦機制，是出自本能的緊迫反應，在原始社會中利於人類的生存。但是如果個體過分執著報復而進入極端或泛化的狀態，多少就會有點面目猙獰，這不太利於人際交往，也會對他人造成一定的身體或者心理上的傷害，終究是害人終害己。

所以，經過了幾千年的文明薰陶，我們作為現代化的社會人，不能任憑報復心理肆意擴張，相反地，我們還要適當地控制它。

正如積極情緒拓展－建構理論所言：積極情緒給了我們創造性，使我們可以用開放的眼光來看待周圍的人和事；而消極情緒卻會讓我們變得異常敏感，對周圍的人和事多做出負面的評價。所以，我們不能任由報復這種消極情緒侵蝕自己的內心。

對待仇恨，我們要控制，控制的方法之一就是寬容對方。可是「你傷害了我，我一笑而過」，做這樣的選擇，哪個人的內心不是在滴血。雖然時間是治療傷口的良藥，但是那個做錯事的罪魁禍首也應該受到懲罰。所以面對傷害自己的「仇人」，很少有人能放下心中的芥蒂，瀟灑地「一笑泯恩仇」。

第一類人，他們還想著報復，還想著看這個傷害自己的人遭報應。這本身無可厚非，但是在我看來，卻太不值得了。理由有三：

◆ 其一，把大好時光都浪費在「仇人」身上，為別人而活，這多少辜負了生命本身的意義；
◆ 其二，和他人計較，意味著放不下過去，自己還深陷在痛苦的漩渦中，而痛苦帶給我們的只會是更痛苦；
◆ 其三，仇視會耗盡我們的精神，吸乾我們的養分，這會讓疾病的門檻越來越低，一點點的風聲鶴唳，就會讓我們有草木皆兵的恐慌。

第二類人，他們自己的內心本來已經疲倦，都打算放手

了，但身邊的親戚朋友仍然時不時地挑撥一下，加一把火，甚至火上澆油，再次點燃了人們心中的仇恨火焰。這類人是可憐的，沒有人在身旁為他們加油打氣，還常常散播讒言。但他們也是可恨的，別人一煽風點火他們立刻就燃燒，只能說明過去的傷害還是「定時炸彈」，他們口口聲聲說「放下」也只是為自己找的藉口而已。

第三類人，他們才算是真正做到了「一笑泯恩仇」和「相忘於江湖」。對於過去的事，他們不再計較，對於傷害過自己的人，他們能夠寬恕。對於信奉「此仇不報非君子」、「人若犯我，我必犯人」的信條的人來說，這類人的行為明顯是在示弱，顯得沒有骨氣。殊不知，正是這種「示弱」才讓世間多了分溫暖，少了些仇視；正是這種「沒骨氣」才讓內心多了分和諧平靜，少了些波濤洶湧。

五、用寬恕來緩解仇恨

太過執著於仇恨，最後只會堵死自己的路。

佛母雖與朱紫國國王有殺子之仇，悟空解救朱紫國的災難之時，也正好是三年懲罰期限的截止之時，佛母內心已經寬恕了朱紫國的國王，所以佛家便順水推舟，放金聖宮娘娘回家與國王夫君團聚。

但玉帝對鳳仙郡的懲罰卻沒有設定時限，全看郡主是不

是誠心為民，是不是誠心尊崇玉帝，若不是，鳳仙郡便會一直無雨，百姓也會一直飽受乾旱的痛苦。所以，就算悟空出面去向玉帝求情，玉帝也是拒絕的。直到郡守意識到自己犯下的過錯，修建道場、沐浴更衣、虔誠祈禱，這才感動了玉帝，獲得其諒解，最後玉帝撤銷了對鳳仙郡的懲罰。

六、寬恕待人，有多少人可以做到

　　從呱呱落地到縱橫職場，父母和老師們都時刻教導我們要心胸寬廣，要以德報怨。這個我們已經聽膩的道德訓誡，是否真的能發揮它的價值呢？

　　我們可能無法透過每個人的表現去進行判斷，但各種社群平臺和新聞媒體的資料顯示，寬恕待人事件仍能引起社會各界的廣泛關注，這也側面反映出了寬容的特質彌足珍貴。

　　以下這個事件就是真實發生的：

　　一位媽媽含辛茹苦養育了 25 年的兒子剛剛學成畢業，步入社會，但因為見義勇為，被幾個青年用刀捅死。

　　媽媽終日以淚洗面，內心充滿了委屈和仇恨，一心想著為兒子報仇。在法庭上，家人一次次打起了「殺人償命，血債血還」的橫幅，甚至和法官發生衝突。這個母親心裡想著，哪怕傾家蕩產打官司，也要讓主犯「以死抵罪」。

　　殺死兒子的主犯王某，從小就被離異的父母拋棄，是奶

奶靠著撿垃圾把他拉拔大的。在法庭上，這個老人無數次地向這位母親下跪，希望留孫子一命。最開始，被害人媽媽也動過扶老人一把的念頭，但是腦海中回閃出兒子年輕的臉時，同情心就被打住了。

由於打官司程序複雜，時間拖了很久，兒子的骨灰一直存在殯儀館的一個小格子裡，媽媽遲遲沒有安葬兒子，她心裡的疙瘩是主犯還沒有被「處死」。

她只能把對兒子的思念寄託在那些永遠不知道寄到哪的信紙上。冬天的第一場雪來了，她會在信裡問兒子：「你那裡是否也被大雪覆蓋？我多想用我的身軀替你遮風擋雨……」

她已經記不得是哪一天了，在寫信給兒子的時候，一個寬恕的念頭突然間在腦海中一閃而過：「如果這個殺人的年輕人被處死了，這世間是不是又會多一位肝腸寸斷的老人，像自己一樣獨坐窗前、生不如死？」

開始的時候，這個念頭只是閃過，隨即被自己否定。但後來，寬恕的想法不斷地在她腦海中出現，那位滿頭白髮的老人在她面前下跪求情的情景也常常在她腦海裡浮現。

在經過整整兩日的不眠不休和自我說服之後，第三天，她踏著虛浮的步伐來到了法院，內心平靜地接受了調解，最後主犯的死刑被改為了無期徒刑。

調解完成之後，主犯的奶奶跪在法院的過道裡，抱著這位母親的腿，老淚縱橫地哽咽著感激道：「好閨女，我撿破爛養活妳，管妳一輩子！」這位母親當時就放下了，顫抖著雙手扶起這位滿頭白髮的老人，哭著說：「您多保重。」

和解後，她又去墓地看了兒子。跪坐在兒子的墓碑前，她低聲地哭泣道：「兒子，對不起，和解了！你不會怪媽媽吧！媽媽知道，你那麼善良，你是贊成媽媽這樣做的。」

和解的結果被人們知曉後，有人這樣形容這位偉大的母親：「她的心臟有兩個心房，一個在流血，一個在寬恕。」是呀，自己唯一的兒子被奪走了生命，可是自己居然原諒了那個殺人凶手。這是有大胸懷和大愛的人啊，她考慮到的是不能因為自己的不幸而讓另一個老人也與自己一樣痛苦，這種人間的大愛又有多少人能夠做到呢？

七、寬恕他人，唯有從心開始

「寬恕」二字，聽著容易做著難，但不能因為它很難就不去嘗試。人性中存在和傳承著寬恕基因。只要有寬恕的想法，並且願意邁出第一步，你將會擁有意想不到的收穫。

那麼面對別人的傷害，怎樣才能做到寬恕呢？總結起來就是四個字：從心開始。別人的傷害，會讓我們感到委屈，甚至心中隱隱作痛；推己及人，當我們傷害別人的時候，他們是不是也會像我們那樣委屈和無助？己所不欲，勿施於人，其實我們可以考慮採用溫和的方式讓對方意識到錯誤，而不是用毀滅性的、簡單粗暴的方式懲罰對方。

這裡向各位推薦一個我自創的心理學方法 —— 心理刮痧

療法。心理刮痧是我借鑑中醫在身體上進行刮痧養生而提出來的。中醫刮痧是將痧毒排出體外，從而達到治癒的目的。心理刮痧技術則是讓你一步步去尋找心理上的鬱結處，透過澄清自己的病症，來減輕乃至消除負面影響。透過此技術，我們可以讓自己的報復心理得到一定的緩解，最後做到寬容平和。

此技術的具體操作指南如下：

◆ 拿出一張 A4 紙，在上面畫一棵「人樹」，即將樹畫得像人的形狀，只有樹幹和樹枝，沒有樹葉和果實。這就是你的生命之樹，它代表的就是你自己。

◆ 閉上眼睛，回想：從出生到成人，不斷成長的過程中，你遇到的每個人、每件事，甚至你所到的每個地方，對你來說有特殊意義的物品……總之，一切你覺得對你有影響的部分都是生命樹上面的果子，顏色、品種、大小、位置都由你決定。它們的不同大小、不同顏色、不同位置，代表著對你有不同的影響。

◆ 現在在這棵樹上，跟隨你的心，畫出對你最重要、最難忘的那些果子，這些大小不同、顏色各異、數量不等的「果子」，就是你的「心理穴位」，它們共同構成了一個個充滿故事、情結以及創傷的生命體驗！

◆ 你可以簡單地把自己內在重要的情緒感受寫在一些重要

的果子下面。那些灰暗的、讓你有不良情緒體驗的果子，就是你心靈上被刮出的「痧」，它們就是堵塞你心理能量疏散通道、影響你情緒的原因。痛則不通，我們今天要對它們做一些處理，讓這些被堵塞的能量流通起來。

◆ 請各位找出至今仍然對自己有著重大影響的果子，尤其是影響自己情緒的，使自己無法開心、快樂地與他人相處，導致自己容易發脾氣的果子，將它們轉化。

◆ 可以把當時的場景再現，畫一幅畫或幾幅畫；也可以寫一首詩或一個故事；或者什麼也不做，只是閉上眼睛去感受，回憶當時的情景，感受當時的情緒，讓情緒得到宣洩。

◆ 請各位把消極的「果子」帶給自己的積極的、正面的意義寫到本子上，並對它說：對不起，請原諒，謝謝你，我愛你！用這四句最有能量的話，感恩它帶給你的成長。

唐僧的情關：愛情是一種修行方式

一、第一關卡是情關

唐僧為一介出家之人，按理來說，早已是六根清淨，但畢竟「食色，性也」，唐僧也是人，他還沒有修煉成佛，那麼他面對美色誘惑是否能守得住本心呢？我們產生了這樣的疑問，佛祖也有相同的疑問，所以師徒四人聚齊之後，佛祖給他們布下的第一個難關就是情關。

二、面對情慾亂陣腳

大家可以看到，女主人表達出自己招夫的想法之後，唐僧當時的態度是不拒絕也不接受，裝聾作啞，寂然不答。這個反應有一點出乎我們的意料，按照我們對唐僧的期待，他乃是東土大唐最德高望重的佛門高僧，面對這種可能會犯戒的情況，正確反應應該是第一時間堅定地回絕。但是劇情中的唐僧卻裝起了啞巴。

女主人看他這般沉默，以為他是在猶豫，於是擺出了全副身家，意味著只要唐僧與她成了親，餘生榮華富貴享用不

盡。身家展示完畢之後，唐僧仍舊是不做反應，好像聽得入迷一樣。

捨不得孩子就套不住狼，女主人說只要唐僧與她成親，那麼這三個女兒就可以許配給唐僧的三個徒弟。唐僧聽完如遭雷擊，突然怔住了，眼睛往外翻，身體癱在了椅子上。

這是唐僧第一次遇到情慾關。從他在事件中的表現來看，他採取的是迴避和壓抑的態度，這種態度又正好證明了他是有情慾之心的。這也不能說唐僧是不夠專業的，他也是人，是人就會有本能，就看能不能壓制住。

三、情慾是一種本能

唐僧擁有情慾之心，但他採取的策略卻是迴避這種消極的防禦方式。其實情慾並沒有人們想像得那麼可怕，它是芸芸眾生皆具有的本能。

佛洛伊德認為：性慾及其能量（力比多）生來即有，嬰兒也有性慾，不過表現形式與成人不同而已。性慾屬於本我力量，又是各種本能活動能量的泉源。一旦脫離慾望，我們就不再是自己。周國平有言：「情慾是走向空靈的必經之路。本無情慾，只能空而不靈。」

生而為人，情慾就像是出廠設定中自帶的功能，小孩也好，老人也罷，都無法否認這種本能的存在，只是我們要做

到不踰矩。正是這份本能，讓我們體驗到美好的情感，進而發現真正的自我。我們不必避之如洪水猛獸，而是要正視這種本能，承認它的存在，然後用理智的方式對待它。

四、情慾一旦喚醒，就會被再次激發

在「四聖試禪心」的過程中，唐僧也沒料到自己的內心居然還存留著這份念想。在面對女色的引誘之時，他不回應和驚嚇的反應，想必也是因為明白了自己內心的真實想法，進而產生了對佛家的愧疚。畢竟唐長老從小生長在寺廟的鐘聲和禪音中，從未接觸過年輕貌美的女性，也未曾見識過外面的花花世界，可能他連情慾之心為何物都不曾意識到。

不過在這個情關之中，情慾已經被喚醒和激發，唐僧的內心也止不住一陣凌亂。在經歷女兒國這一難關之時，女兒國的國王也被唐僧迷住了，唐僧便又陷入了進退兩難的境地。

女王深情地望著儒雅的唐僧，對他誘惑地說：「你說你四大皆空，但是卻緊閉著雙眼，若是你能睜開眼睛看看我，我就不信你看著我還能兩眼空空。閉著眼睛還談什麼四大皆空呢？」女王的這番激將法奏效了，唐僧睜眼與她對視了，而且未能保持住兩眼空空的禪定狀態，而是心虛地回答了女王：「我今生已許身佛門，來世若有緣分……」這欲言又止的話語，足以表明唐僧還是有些心動的。

五、接納自己的動心

我們比較唐三藏在這兩次情關之中的反應，不難發現他前後的態度是有所不同的。

面對女主人的招夫，唐僧裝聾作啞，默默無言，面對女王的招贅，唐僧欲言又止，不忍傷害；他的眼神飄忽閃躲，都不太敢抬頭看女主人，卻可以直視女王的眼睛；對女主人的拒絕是由八戒逼著才說出來的，但對女王的拒絕則是唐僧主動提出的。

在第二次深陷情關之中的時候，唐僧顯然比第一次經驗豐富了許多。在面對女王的提問時，他已經勇於睜眼面對情慾，且勇於在思量後委婉拒絕女王的深情表白，這都是他在佛家修行路上的一大進步。

六、面對情關，勇敢說出不

在經歷兩次考驗之後，唐僧便更加地堅定了自己取經之路的決心，也對自己的內心有了更加深入的了解。所以在經歷後來的情關時，他都能心如磐石、穩如泰山、沒有一絲雜念。

還有一次情關是在棘林吟詠，遇到杏仙。這也是唐僧歷經的第五十二難，杏仙見到唐僧相貌堂堂，頓時兩眼放光，緊貼著他坐下，悄悄地打趣道：「佳客莫者，趁此良宵，不

耍子待要怎的？人生光景，能有幾何？」杏仙這一句表白可是赤裸得很，這熱情、主動的態度都可以趕上歡場女子了。一上來就打算把唐僧拿下的架勢，再加上木仙庵的其他樹精們在一旁煽風點火和「好言相勸」，妖精們滿心以為有好事在即。但唐僧聽完，臉色立刻變得如紙般白，直接跳起來大聲回駁道：「汝等皆是一類邪物，這般誘我！」唐僧也是氣急了才放出這麼狠的話。

之後任憑這些妖怪如何威逼利誘，唐僧就是寧死不從。杏仙眼見著俊俏的唐僧在一旁孤單地默默落淚，就掏出手絹想為他擦拭，還溫柔地軟語開導，誰知唐僧內心異常堅定，竟對杏仙一頓喝斥，最後還甩甩袖子想一走了之。

這一次，唐僧做到了「大聲說不」。

七、不過情關，很難成長

我粗略地統計了一下，在唐僧歷經的八十一難中，情關就有六個，分別是十七難的「四聖試禪心」、四十三難的「女兒國國王」、四十四難的「琵琶洞蠍子精」、五十二難的「木仙庵杏仙」、六十九難的「無底洞老鼠精」、七十八難的「天竺國玉兔精」。

不知道大家有沒有想過一個問題，為何情關會分布在唐僧取經的前後不同的階段之中呢？如果是佛祖對唐僧情慾控

制不放心的話，那麼本著「事不過三」的原則，透過「四聖試禪心」、「女兒國國王」和「木仙庵杏仙」的三關歷練，唐僧對待情慾的反應已越來越成熟，從一開始的驚慌失措到不忍傷害再到勇敢說不，唐僧的成長可謂是可圈可點的。可是為何吳先生在創作此書的時候，還要為唐僧安排後面的試煉呢？

　　吳先生現在也沒辦法跟我們做解釋了，我權且在此妄加揣測一下：情慾是人的一大本能，不是說讓它不搗亂了它就會消失了；為考察唐僧是否還懷有情慾的念頭，就必須時不時地用不同的情境在不同的階段檢驗一下他的狀態；修行之路上最忌諱三心二意，唐僧如果不徹底地通過情關，就很難成長為得道高僧。所以在經過了一二三關之後，還要讓他經歷後面的四五六關。

八、情慾是人生的一部分

　　唐僧在這漫漫八十一難之中，統共經歷了六重情關考驗，最終才修成正果。一個出家人尚且需要如此磨練，那我們這些普通大眾在面對情慾的關卡時，又應該做出什麼樣的選擇呢？

　　就拿談戀愛來說。由於現在資訊傳播廣泛和快速，再加上整個社會的婚戀觀念日益開放，孩子談戀愛的年齡也越來越小了，有些孩子甚至在國小一二年級就表現出了這種

苗頭。一般情況下，當家長知道孩子談戀愛之後是什麼反應呢？有些去找學校老師協助制止，有些直接讓孩子轉學，他們本質上都是不接受孩子情慾萌動的事實。孩子年紀還小，自然沒有能力和家長反抗，只能接受父母的安排。

一晃眼到了青春期，孩子覺得自己有獨立自主的能力了，覺得可以和喜歡的人告白了，於是就開始寫情書，送禮物。如果對方同意交往，自然高興；如果不同意，一些自尊心過強的孩子容易產生較大的心理挫折，甚至產生嚴重的心理障礙，更有甚者，會威脅到生命安全。個體在青春期階段的情慾是相當強烈的，而且也是不計後果的。

個體成年進入社會之後，情慾就不單純是內心的喜歡了，還會與其他條件諸如身分地位、錢財長相等有關係。社會上廣為流傳的言論就充分展示了這個時代的婚戀觀：「戀愛應該以結婚為目的」、「沒房沒車，我為什麼和你交往」、「你到底是愛我這個人還是愛我的錢」。談戀愛不再是簡單的兩情相悅，而是與雙方的家庭背景、對金錢和利益的權衡有關係，所以，在進入職場之後，許多純潔的愛情最終都敗給了現實。

待到人們進入婚姻的殿堂之後，道德的束縛要求夫妻二人對待彼此要忠貞不渝，妻子要全心全意對丈夫，丈夫也要一心一意對妻子，一旦出現婚內出軌的事件，夫妻二人就會面臨婚姻的危機。但是夫妻二人在社會上工作，都會與外界進行交流，而這花花世界的誘惑也會一直像潮水般不斷地撲面而來。

　　大家經過前面數十年的恩怨情仇、起起伏伏，最終進入了老年期。在這個時期，大多數人的狀態都是穩定的，但是內心的情慾還在繼續進行著，「黃昏戀」就是對此年齡階段的愛情模式的一種稱呼。不過此階段的戀情會受到多方面的非議和阻礙，這裡既包括子女的干涉，有時候也包括來自街坊鄰居和朋友們的輿論壓力。

　　縱觀人生的各個年齡層，情慾都參與進我們的生活。正是因為經歷了種種愛情的生與滅，經歷了婚姻的持續與破裂，我們才能體驗到這多姿多彩的人生。這些經歷的背後，無不是情慾在「搗鬼」。

九、出軌導致的傷害

　　在我曾經進行過的團體心理諮商中，有一個案例讓我印象特別深刻，是關於婚戀主題的。在此我將當事人的人名隱去，將案例拿出來與大家分享。

　　在那次團體活動中，一位成員講述了自己的婚姻故事，故事的大致內容如下：

　　我與愛人相識20多年了。她是典型的女強人，性格爽朗強勢。這麼多年來，我們一直都在婚姻生活中跌跌撞撞，每次吵架，她都拿離婚來做要脅，我不願意離婚，所以一直讓著她，她每次都能得逞。

　　她有一個讓我必須做到的要求，那就是不能騙她，只要一騙她且被她識破，她就會鬧離婚。這可能與我曾經經不住誘惑有過一次出軌行為有關係，但我已經為此事真心地與她道歉很多次了，也做過很多次保證了。

　　之後我學習心理學，成立心理學組織，想透過心理學幫助更多的人，但她總是不理解，也不支持我。我的學習必須繼續進行，但是她又不支持，所以有一次我瞞著她去參加一個心理學活動。後來她知道後又鬧離婚，我實在忍受到了極點，最後就點頭同意了，於是草擬了離婚協定，之後就準備登記離婚了。

　　這麼多年來，我們雖然一直吵吵鬧鬧，但是對對方的感情還是很深的。同時，我也很感謝她，感謝她這麼多年像一個督導一樣促進了我的成長。而離婚之後，就沒有人能夠把我的生活起居打理得井然有序，我將要獨自面對這些，我的內心很迷茫，所以我想要過來做一些心理上的調適。

　　就在前幾天，她很晚都沒有回來，我擔心她的安全，就聯絡了我們一位共同好友做中間勸和的人。我和她一起喝了酒，推杯換盞之間，我隱隱能感受到她的惆悵與不捨。回想這麼多年來她對這個家庭的付出，現在我們好不容易穩定下來了，經濟也寬裕了，開始過上了較為輕鬆的生活，而我卻答應了跟她離婚，我感覺很對不起她。

　　其實就內心的真實感受而言，我也並不想離婚，然而我們之間的溝通模式很難支撐我們和平相處下去。她認為我是在用心理學的一些溝通技術控制她，顯然，她已經不再相信

我說的話了。此外，她還抱怨我在家庭中的投入太少了；但是如果我將過多的精力放在家庭中的話，我的人生價值和事業專注度就會受到影響，這也是我們溝通中一個較大的分歧。

在聽完當事人真誠的陳述之後，我選擇了替身技術來改善這對夫妻之間的關係。當場徵求其他組員的同意後，我要求現場自願參與的人主動站隊，願意站在丈夫一邊的就當男人的替身，替男人說話；選擇支持女方的就替妻子說話。一場模擬的夫妻辯論會正式開始：

丈夫替身：我作為一個男人，我想飛得更高，並不是我要拋棄妳，我還是愛著妳，所以我希望妳能夠理解。

丈夫替身：作為丈夫，我出軌是我的不對，所以我用加倍的關心和照顧來償還，我希望我們的愛可以讓我們一直走下去。

（丈夫回應：我要的不是包容，是妳能夠支持我的選擇。）

妻子替身：我很恨你，你傷害了我。

（妻子回應：我不恨他，我很愛他。）

妻子替身：作為妻子我很想相信你，但是鑑於之前的情況我很難相信你。

妻子替身：我心裡很愛這個家，很希望丈夫能回來。

丈夫替身：老婆，我們一起二十多年風風雨雨走過來，

在這個家中，我一直在努力付出，但心中始終有一個落差感。接觸心理學對於我來說是一個成長的機會，做心理學讓我覺得自己有一個發揮的空間。但這不會影響我對家庭的付出，我會把家庭放在第一位。

（丈夫回應：我希望妻子給我一個機會，讓我去實現自己的價值。）

妻子替身：我很想支持你去做你自己的事業，但是你曾經傷害過我，而且沒有停下來安撫我，這是我內心的需求。

（妻子回應：做心理學我支持，但是我不建議你放棄一切去追求心理學。）

丈夫替身：親愛的老婆，我知道我傷害了妳，請妳忍受和包容我的錯誤，我會努力改變，相信我。

丈夫替身：親愛的，對不起，首先我要跟妳道歉，我沒有經住誘惑，很抱歉。正是這次出軌，讓我更加體會到家庭的重要。傷害無法彌補，我只能透過我的行動去證明。我希望妳相信我，包容我的這次錯誤。

妻子替身：作為妻子，我已經陪你走了這麼久，直到今天，我一直不能停止對你的懷疑，你以為我願意這樣嗎？這麼多年你一直不知道我需要什麼。

（妻子回應：我支持你的夢想，但是我想讓你知道柴米油鹽的重要性。）

妻子替身：作為一個四十多歲的男人，你還有夢想，作

為妻子我是很幸運的，我希望你的夢想有我的參與。

（妻子回應：我也會改變我自己，我們一起實現我們的夢想。）

丈夫替身：妳如果真的愛我，為什麼沒有了解我的感受呢？

（丈夫回應：希望妳能夠真正感受到我的感受。妳如果真的愛我，就用心支持我，我們一起努力，一起成長。）

妻子替身：如果你能靜下心來，把內心的想法告訴我，我會支持你的。但你沒有真正信任過我，可能是我外表的強悍，讓你無法信任我。我說離婚，其實就像一句歌詞裡唱的「推開門想走，其實是想被挽留」。我只是以離婚來做最後的挽留。

丈夫替身：很對不起，可能我真的做了一些傷害妳的事情，但是這也是真實的我，我也有需要成長的部分。妳能再接納我嗎？

丈夫替身：老婆，我們二十多年來吵吵鬧鬧，妳說離婚不是妳真實的表達，我相信妳。讓我們都學會愛、懂得愛，讓我們後面的人生更精采。

（妻子回應：好的。）

丈夫終於忍不住握住了妻子的手，夫妻雙方緊緊地擁抱在一起。

十、愛情修行有妙招

在我們用心經營愛情的過程中，總是會遇到各式各樣的問題，但這些問題並不會成為我們前進的阻力。真正的愛情使人進步，並引導相愛的雙方共同成長。

就像唐僧在一次又一次的情關考核中，漸漸地明確了自己的方向。那麼我們在愛情和婚姻的經營中，又該如何維持自己的本心，做到忠貞不貳呢？

1. 替身技術

這個技術就是上面的團體諮商案例中所用到的技術。其理念是當夫妻雙方過於關注自我的時候，他們就容易忽視對方的感受，可以透過「替身」來解決這個問題。替身雖是局外人，但是他們／她們會設身處地感受當事人的內心想法，並把這些想法真誠地表述出來，讓問題不再只是浮於表面，背後的潛意識情感都會被深挖出來。另外，每一個參與的替身代替當事人說的話也都是各自思維和想法的「投射」，即將自己的價值觀和理念都融入其中，所以，在來來回回的辯論中，替身之間也在進行觀點碰撞，每個人都能從其他人的觀點中吸取經驗。

具體操作指南：

◆ 召集一些見習者或朋友，相識或不相識的都可以，以其中一對夫妻作為主角，其他成員做參與者。

◆ 夫妻雙方陳述三分鐘，可以講夫妻相處的問題，可以表達感受，由雙方自行決定。

◆ 夫妻相向而坐，搬兩張椅子，一張丈夫坐，一張妻子坐，中間留出過道。其他成員做出選擇，可以站妻子一方，也可以站丈夫一方。選好陣營後，模仿所選當事人的動作，感受當事人的心情，調整自己的心情，盡量與自己所選的當事人保持心情一致。

◆ 替身辯論：替身代替當事人發言。當事人聽完之後可以糾正或補充。

◆ 照此規則可進行多輪辯論，直到雙方達成真正意義上的溝通和理解。

◆ 夫妻雙方一分鐘時間，分享各自的感受和想法。

2. 愛情放大鏡技術

每個人都有需要成長和改進的地方，每段關係也有不完美的地方，關鍵是我們從什麼角度看待。愛情放大鏡技術旨在轉換雙方視角，將婚姻關係中的相互抱怨轉為相互欣賞與讚美。

這就需要夫妻雙方找出對方的優點以及在這段夫妻關係中的優點，分享給對方聽，在分享的過程中進一步地澄清和轉化。雖說平時我們都不習慣且不好意思向另一半表達讚美與欣賞，但這樣的話語，對對方、對自己都是一種激勵和肯定，非常有利於夫妻關係健康發展。

賽太歲的痴戀：
不匹配的愛情難以善終

一、賽太歲的戀情

賽太歲本是觀音菩薩的坐騎金毛吼，下凡為妖，抓走了朱紫國的金聖宮娘娘。他擄走金聖宮娘娘不是因為仇恨，而是源於一見鍾情，他對這位擄來的娘娘簡直是百依百順，用一句現代話來說就是「含在嘴裡怕化了，捧在手裡怕摔了」。娘娘想要他那視若性命的法寶紫金鈴，他眼都不眨就給她；娘娘把紫金鈴弄丟了，賽太歲仍然是百分百地相信她，找到後又一次把紫金鈴交給她保管。

單從感情的角度來看，金毛吼對娘娘的這份執著讓人動容。但一顆火熱的心最終也沒能感動金聖宮娘娘，這份單相思沒有收到任何回饋，娘娘始終都不曾正眼瞧過金毛吼。

二、豬八戒的戀情

豬八戒的愛情經歷也很悽慘。他本喜歡高小姐，為了得到心上人的認可，他煞費苦心，不僅喬裝變成偶儻精緻的模

樣，工作還勤快，每日天剛亮就動工，天漆黑才停工。高員外觀察到這個情況之後滿心歡喜，高小姐看了他也是笑臉相迎。

可是這一切都在婚禮當晚發生了驚天逆轉。由於豬八戒心情大好，沒有控制好自己，不小心暴露了真容。這家人感覺受到了欺騙，一改往日的態度，既嫌棄八戒長得醜，又抱怨他吃得多，還擔心親戚鄰居在背後說閒話，總想找人收了這妖怪。

但豬八戒還是痴痴地戀著高小組，為了不給老丈人家裡添麻煩，他只好夜裡偷偷去見高小組，大早上就匆匆地離開。一個妖怪為了愛情如此憋屈，卑微到塵埃裡，也是實屬罕見，可以稱得上是一個「情種」了！而高小姐見到八戒，只是害怕和躲閃，且整日面如死灰。她沒有明白八戒的一片痴情，害怕大於傷心。

三、愛情配對

賽太歲對金聖宮娘娘的執著痴念、八戒對高小姐的瘋狂眷戀，最終都沒能換回女主角的芳心。為什麼他們的痴戀沒有換來好的結果呢？這裡就要說到一個有趣的心理學實驗 —— 愛情配對實驗。

實驗人員找來 100 位大學生，男女各半，然後製作了

100 張卡片，卡片上寫了從 1 到 100 總共一百個數字，單數的 50 張卡片給男生，雙數的 50 張卡片給女生。但他們本人並不知道自己對應的卡片上寫的是什麼數字。工作人員將卡片拆封，然後貼在大學生們的背後。

這個實驗設定很簡單，就是要男女憑自己的判斷找到適合自己的異性，爭取能湊到最大的總和。獎金金額為編號總和翻 10 倍，比如：83 號男生找到了 74 號女生配對，那麼兩人可以獲得 $10 \times (83 + 74) = 1,570$ 美元的獎金。但如果 2 號女生找到了 3 號男生配對，那麼兩人只能拿到 50 美元。

大家由於都不知道自己背後的數字，因此首先就是觀察別人，很快分數高的男生和女生就被大家找出來了。例如：99 號男生和 100 號女生。這兩人身邊圍了一大群人，大家都想說服他們和自己配成一對。但一個人不可能同時和 N 個人配對，因此他們變得非常挑剔，他們雖然不知道自己的分數具體是多少，但知道一定不小，這從追求者們殷切的眼神中就能夠看出來。

那些碰壁的追求者迫於無奈只能退而求其次，原本給自己的目標是一定要找 90+ 的人配對，慢慢地發現 80+ 也可以了，甚至 70+ 或者 60+ 也湊合了。但那些數字太小的人就很悲慘了，他們到處碰壁，到處被拒絕、被嫌棄。

經過了漫長的配對過程，眼看時間就要到了，還有少數人沒有成功配對，這些人沒辦法了，只能趕緊地草草找人完

成任務——因為單身一人的話是拿不到獎金的。最後的倒數階段，沒有配對的大學生都胡亂找了個人。當然也有堅持不配對，最終以單身狀態結束遊戲的大學生。

心理學家發現，絕大多數人的配對對象，其背後的數字都非常接近自己的數字，從這個角度來說，傳統婚俗觀念的「門當戶對」還是很符合人們的擇偶規律的。

比如 55 號男生，他的對象有 80% 的可能性是數字在 50 ～ 60 號之間的女生，兩人數字相差 20 以上的情況非常罕見。那 100 號女生的配對對象會是誰呢？不是 99 號男生，也不是 97 或 95，而是 73 號男生，兩人之間的數字相差了 27。這也太不可思議了，為何兩人會相差這麼多？

原來是 100 號女生被眾多的追求者沖昏了頭，因為她並不知道 100 是最大值，也不知道自己就是 100 號，她還在等待更大數字的男人，等到大家都配對完畢，她終於開始慌了，於是就在矮子裡面拔傑出人士，在剩下的男生裡找一個數字最大的，而那位 73 號就是幸運兒。

她其實也嘗試過去找 90+ 的男生，但是人家都已經有女伴了，讓他們拋棄現有的女伴跟她配對並不實際，因為人家彼此已經多少有了點感情（更多的應該是友情），犯不著為了多這點美元就換人。

這個心理學實驗簡直就是人類擇偶行為的簡化版。簡單來講，就是我們會不由自主地選擇和自己家庭、學歷以

及財富值相差不多的人談戀愛或者組建家庭，即選擇「門當戶對」的人。

四、原來是由於不匹配

賽太歲和金聖宮娘娘是身分不匹配＋情感不匹配。

身分不匹配很好理解，人妖殊途，兩人根本就不是一路人。情感不匹配有兩個展現：一是娘娘本就是被擄來的，並不是自願的，且在和賽太歲的相處期間沒有人身自由。雖說賽太歲好吃好喝供著她，但是沒有人身自由，和軟禁有何區別？二是娘娘乃有夫之婦，並且夫妻倆還很恩愛，賽太歲活生生地拆散人家，娘娘不恨他恨誰呀！

至於高小姐和豬八戒這一段無疾而終的感情，情況更加明瞭，主要原因就在於相貌不匹配。

高小姐長相出挑，身材窈窕，豬八戒驚鴻一瞥，便對她一見鍾情。可是反觀八戒的外貌條件呢？變化的壯士模樣與高小組也算是郎才女貌，可現了原形之後，他就是個妥妥的「豬頭」，這等醜陋的模樣怎麼能與貌美的高小姐相配呢？不僅如此，八戒的這副樣貌還對高小姐造成了心理陰影。

外貌條件的匹配也是很重要的，要知道，自古美人配英雄，八戒這廝幻化成的「英雄」卻擁有一張豬臉，這讓高小姐怎麼可能接受得了。

五、物質上的門當戶對

從古至今，婚姻總會涉及匹配問題，男女雙方的家庭要盡可能得相差不大，換言之就是需要「門當戶對」。

古代皇帝在與周邊部落聯姻時，都會將公主嫁給對方部落的繼承人，而不是隨隨便便地找一個人嫁了。原因特別簡單，就是男女雙方要符合「門當戶對」的要求，至少在物質和名聲上要符合要求。

隨著社會高速發展、思想解放以及現代各種新興理念普及，人們對於物質層面的要求已經發生了很大的變化，但還是沒有真正地擺脫「門當戶對」的理念。

門庭的世俗觀念往往是我們做出判斷的一個重要參考標準，因為這涉及婚姻雙方的資源分配問題。條件好的家庭總是占有更多的社會資源，而條件差的家庭總也逃不脫「攀高枝」的陰影刺激。

比如說富有的人容易趾高氣揚，做什麼事情都覺得要比人高上一等；而貧窮的人則顯得相對卑微。這不是歧視，而是戀愛和求偶的社會現象使然。

家庭治療大師薩提爾認為：一個人和他的原生家庭有著千絲萬縷的連繫，而這種連繫有可能影響他的一生。家庭成員的生活習慣、交流方式、解決問題的思維模式等，都在潛移默化地影響著你的人生觀、價值觀、世界觀。你就像一個

泥人，原生家庭中的長輩就是那些捏泥人的人，他們用什麼樣的手法決定了你最終呈現的模樣。而那些與你模樣相同或相似的人，最終和你相互吸引，成了你的朋友、愛人。

所以，在戀情或者婚姻當中，門當戶對還是很重要的。通常愛情長跑的兩個人，家庭的經濟情況不會差別太大，因為一個人的生活環境在相當程度上影響著這個人的世界觀和價值觀。

六、精神上的勢均力敵

除了物質上的門當戶對之外，精神層面也需要勢均力敵。這就是指戀愛雙方的價值觀、世界觀以及人生觀等一些核心的軟性的指標要相匹配，也就說人們常說的「三觀相合」。

若要說《紅樓夢》中賈寶玉為何偏偏喜歡林妹妹，除去外貌長相、才情，恐怕就是二人志趣相投、心靈相通吧！熟讀《紅樓夢》的人都知道，賈寶玉無心在仕途中有所作為，內心深處最看不慣的便是那些為官之人的醜陋嘴臉。有一次史湘雲勸寶玉多學習仕途中的學問，寶玉聽了立刻變了臉色，懟回去一句：「姑娘還是到別的屋裡坐坐吧。」寶玉的這般反應讓史湘雲甚是氣憤，直言賈寶玉就會朝其他的姐妹發脾氣，卻從來不敢說林妹妹一句不好的話。賈寶玉卻回答說：「若是林姑娘也說這等混帳話，我早就和她生分了。」

那群姐妹和賈寶玉一樣都擅長吟詩作詞，當然也都希望賈寶玉能青雲得志，走上仕途的康莊大道，唯獨黛玉知曉寶玉無心從政的閒散心思，所以從不勸他。這兩人的價值觀和世界觀是相同的，所以林妹妹在賈寶玉心中的地位便當之無愧地位列榜首。

曾經在網路上看到一篇文章，題目叫做〈真正的愛情，是精神上的「門當戶對」〉，文章中有這樣的一段話：

終其一生，我們要找尋的，就是與自己同頻率的人。一段感情能否持久，相當程度上是兩人之間的博弈（賽局），你的世界我懂，我的世界你也能插上話，我們一同成長，用同樣的步調面對生活、用同一種聲音呼喊未來。你的節奏我跟得上，我的聲音你也聽得懂。雙方勢均力敵，方能走到最後。

我覺得這段話道出了愛情的真諦。愛情需要物質層面的門當戶對，也需要精神層面的勢均力敵。

七、精神不匹配，選擇了分手

關於精神不匹配的愛情，這裡有一個故事。

話說有這樣一個女孩，她原本是大女人的性格，但是談了戀愛之後，經常向同學們炫耀，時不時就向朋友們「放閃」。很顯然，這個女孩深深地沉入了愛情的甜蜜之中，周圍

人也覺得她找到了真愛，都為她高興。但是，這麼一對羨煞旁人的情侶，卻在交往一年之後選擇了分手。

為什麼會這樣呢？原來女生是一個很上進、很要強的人，她擔任班長，課業成績也都是數一數二的。她對未來有著非常清晰明確的規劃。反觀男生，他成績非常普通，也沒什麼交際能力，對自己目前的狀況也很滿意，沒有考慮過未來，屬於走一步算一步的類型。

女生曾多次和他談論過課業和未來規劃的問題，兩人從討論演變為爭吵，女生希望她的男朋友也像她一樣積極向上、努力進取，但是經過很多次的交流，男生依舊沒有做出什麼實質性的改變。女孩表示很無奈，她和閨密說道：「我覺得他已經跟不上我的步伐了。我就是那個一直努力地往上爬，想要登頂的人，而他就是那個走到半山腰就停下來，而且滿足眼前的風景，並不打算往前進，甚至還需要我拉著他一起走的人。」

的確，兩個人之所以能走到一起，一定是因為對方身上具有吸引自己的優點，但是度過了熱戀期之後，雙方的各種差異就很明顯地展現出來了，而且，對於愛情而言，精神上的差距尤為致命。

如果一個嚮往遠方，一個留戀腳下；一個勇於挑戰，一個貪圖安逸；一個追求上進，一個得過且過。那麼這兩個人的愛情會缺乏心靈層面的真正溝通，而精神上完全不同頻的

兩個人，是很難將愛情進行到底的。

　　這對戀人如果還想繼續在一起的話，就需要雙方做出調整，可以是男生變得更加進取和努力，也可以是女生變得習慣安逸；如果雙方都很難做出改變的話，那麼兩個人相處起來就還是會有矛盾。

八、精神契合是根本

　　愛情並不是只要你愛他（她）和他（她）愛你就行了，而是要相互匹配。匹配並不只是金錢、身分和人脈的匹配，還包括精神、三觀上的匹配。如果見面就吵架，那麼這兩個人就算步入了婚姻的殿堂，最後也不會過得幸福，畢竟在很多問題上雙方都不能達成一致，怎麼還能同心攜手走完這一生呢？

　　賽太歲和金聖宮娘娘在很多方面都不匹配，豬八戒和高小姐同樣也是不相配的，他們這兩場戀愛都是單相思的虐戀，這種嚴重的不匹配導致了他們的情場都以失意落幕。所以，愛情並不單是荷爾蒙作用下的兩情相悅，同時也需要面子裡子雙方面的門當戶對。

　　所以，精神上的匹配度是至關重要的。要想讓愛情持續下去，就需要雙方在精神層面有更高的契合。那什麼樣的愛情才算得上是精神契合呢？

　　當兩個人能達到精神高度契合的時候，可能對方的一個動作，甚至是一個眼神，你都能心領神會。當然達到「心有靈犀一點通」的境界，可能是很有難度的，但我們站在對方的角度為他／她考慮問題，這也是一種契合。你可以完全不懂他的興趣愛好，但你要對於這些未知的領域和喜好抱有一份尊敬，保持謙遜或低調，這也是契合。

　　兩個人在一起，不是要天天互相攻擊，論出個輸贏對錯；也不是要以挑對方的刺為前提，成就自己的完美。而是要學會一起享受生活，彼此有話可聊。

唐僧的善良：行善，不能終止

一、善良之心

唐三藏作為公認的得道高僧，擁有普度眾生的菩薩心腸。上對君主忠心不二，下體恤百姓民情，甚至還同情那些受苦受難的強盜之徒，他的善良，是不分三教九流的。在唐僧看來，眾生皆平等，眾生皆需要被幫助。

與人為善，這是我們中華民族的優良傳統美德。但在這條險惡叢生的西天取經路上，唐僧是否還能堅持自己的善良之心呢？畢竟取經路漫漫，險阻又重重，太善良的唐僧一不小心就會掉進圈套之中，最終受苦的也是他們師徒四人。

二、善良害了自己

善良若錯付了對象的話，就會讓自己受到傷害。

這不，老鼠精為了能抓住唐僧，採他元陽修成太乙金仙，於是變幻成一個妙齡少女，偽造成被強盜綁架，在唐僧師徒四人經過的附近高喊救命，以吸引唐僧前來搭救於她。果不其然，唐僧一行人循聲而來。

老鼠精一見唐僧過來，立刻變臉，哭得桃腮垂淚、星眼含悲，這可憐兮兮的受傷模樣，任哪位男士見了都會憐香惜玉。之後她又編了更可憐的故事：父母遇到強盜之後，拋下她逃命去了；強盜見她生得好看，都想獨自霸占她，弟兄幾個為此還大打出手，可是最後誰也沒法獨自占有她，於是就將她綁到樹林中，任由她自生自滅。

這位老鼠精可真會看人出招，她知道唐僧耳根子軟，看不得別人受苦，於是遇到唐僧立刻裝成無家可歸、十分可憐的樣子，將自己的身世描繪得要多悲慘有多悲慘。果然，唐長老聽完後善心大發，心疼起這位女子來，只見他忍不住落下淚，聲音也變得哽咽起來，當時就要求八戒為女子鬆綁，救她一命。

後面的事情也是大家熟知的。老鼠精將唐僧軟禁到陷空山的無底洞中，在這裡唐僧毫無人身自由，不僅被逼著叫妖怪「娘子」，還被迫配合著喝「交杯酒」。而他的三個徒弟，幾經折騰才救出師父。

三、性本善與性惡

老鼠精利用唐僧的善良，抓住了他，並害得他的三個徒弟身心俱疲。話又說回來，唐僧那毫無保留、毫無防備的行善方式才是問題的源頭。如果他有所克制，就斷然不會惹上這些麻煩之事了。

要想弄明白唐僧的善良，還得從「性善論」和「性惡論」說起。「性本善」與「性惡」是傳統思想中關於人性的兩大爭論。孟子主張性善論：「孩提之童，無不知愛其親者，及其長也，無不知敬其兄也。」王陽明的「致良知」，也是從性善說引申出來的，王陽明說：「人人皆可為聖。」但荀子認為滿大街都是惡人：「人之性惡，其善者偽也。」

一個人的本性到底是善還是惡呢？比如說我看見朋友和別人打架，於是立刻上去幫朋友出氣。那麼這種心理究竟是善還是惡？

假如用這個問題去追問孟子，孟老先生會回答：「這明明是性善的表現，你的朋友與人相鬥，與你毫無關係，但是你希望你的朋友獲勝，這種愛友之心，是天性中流露出來的善良。此種觀念，是人道主義的基礎。」

假如荀子知道了這件事，他一定有不一樣的觀點：「這明明是性惡的表現。因為你的朋友是人，和他打架的也是人，人與人相爭，你不考察清楚是非曲直就貿然出手，只是願友勝不願友敗。這種自私之心，是從天性中不知不覺流露出來的。此種觀念，是擾亂世界和平的錯誤想法。」

那麼幫助朋友出頭，這一行為到底是出於善還是惡呢？其實只想朋友勝不想朋友敗，是人的本性使然，不能簡單地以善惡來評定。

本來人性是無善無惡的，換句話說就是：人性可以為善，

可以為惡。孟子選擇相信人生而善良，於是提出了性善論；荀子相信人生而具有惡念，就主張性惡論。但傳統上更願意相信人性中美好的一面，所以性善論一直比性惡論更受主流文化的推崇。

四、行善是本性使然

如果唐僧一開始不心軟地去救老鼠精，後面肯定就沒有噩夢般的遭遇了。如果善良的唐僧能夠對陌生人保留防備之心，也許在取經的路上就會少吃很多苦頭，同時也能少些磨難。

但這都只是「如果」，唐僧是不會拋棄自己的善良之心的，因為他的心裡一直秉持著人性本善的觀念。他作為虔誠皈依佛門的核心弟子，自然是慈悲為懷，寬恕待人。在他的眼中，每個生命都應該得到珍惜。

其實當老鼠精變成落難女子求救時，悟空曾提醒師父這女子是妖怪變的。唐僧也有過不救的心思，甚至還直接騎馬走掉了。

可他聽到女子喊出「你放著活人的性命還不救，昧心拜佛取何經」時，頓生慚愧。這句話正中唐僧的下懷。為了最圓滿地取得真經，說什麼也要救下這女子，就算她是妖怪，唐僧也要「慈悲為懷」。

悟空見勸師父無果，也鬧起脾氣來，要救你去救，俺老孫可不攔著，於是唐僧只好拉著八戒一塊去救人。

唐僧雖然心中有疑，但若是沒有救出女子，他自己的內心肯定會感到愧疚，就算女子是妖怪，他也要堅持內心的善念，不忘記佛門的慈悲。從唐僧大病三天後，病癒睜眼醒來的第一件事便是關心女子有沒有人送飯這事也可看出，唐僧的善良是他的本性使然。

五、善良不會終止

其實在我們很多人看來，唐僧有點善良過了頭，無論好人壞人他都發「善心卡」。他的善良是毫無原則的善良，有時候非但產生不了任何感化的作用，反而會給自己招來一次次的綁架和傷害。妖怪們對唐僧的本性了解得非常透澈，也頻頻用裝可憐這招來抓捕唐僧，且屢試不爽。

如果不是他相信白骨精的謊話，悟空也不會被趕走，他自己也不會被變成虎妖；如果不是他同情銀角大王變成的受傷老道，悟空也不會被三山壓倒，他自己也不會被擄走還要被下鍋煮。同樣地，如果不是他相信老鼠精編造的落難故事，也不會平白無故遭此劫難。

但是我們忽視了一個事實，唐僧也只是凡人的血肉之軀，就像我們有時候也分不清孰好孰壞一樣，唐僧也看不出

哪些人是妖怪變的，哪些人的遭遇又是真真實實的。悟空有火眼金睛，使用一下就能看到牛鬼蛇神的真面目，但這項技能畢竟是悟空的專屬，八戒和沙僧作為曾經的神仙、現在的妖怪，不是也沒看出哪些人是妖怪變化的嗎？

再者，唐僧作為佛門中人，一直都是慈悲為懷，善待眾生。所以，我們不能一味地責怪唐僧，善待眾生是他的本性。並且，他的行善也不會終止。

六、行善的妙處

社會心理學家認為：一個人內心充滿美好的善意，多行善事之後，內心中必然會滋生出一種美妙的幸福之感。

每個人的內心深處都有一種自我實現的需求，這種需要會激發人們內在的積極力量和優秀品格。如果一個人堅信自己活在世界上於他人是有益的，同時也是他人精神上和物質上的支柱，這就會成為鼓舞他的一種精神力量。

同時，美國研究人員發現，一個樂於助人且與人相處和睦的人，其預期壽命會顯著延長，在男性中的表現尤其突出；相反，那些心懷惡意的人，其短命的機率比平均水準高出$1.5 \sim 2.0$倍。

善念可以激發人們對周圍人的友愛和感激之情。表達善意的人們，可以從利他行為中獲得內心溫暖，進而緩解焦

慮，增強人體免疫力。相反，如果人類長期保持著惡念，會產生極大的心理壓力，影響身體健康。

雖然原著中沒有特別描寫唐僧行善後的心情，但是從他不能行善的猶豫和行善後的平靜中可以看出，行善對於唐僧而言，是一種幸福，更是一種信仰。

七、我們的善心卻被利用

其實在現實生活中，很多人都想做個好人，都想做個善良的人，雖然大眾追求的善良程度不是像唐僧那樣毫無保留，但是最起碼也會讓自己無愧於心。

從小到大，我們接受的也是這樣的教育：「贈人玫瑰，手留餘香」、「伸出援助之手」、「樂於助人」。而且傳統上崇尚「中庸之道」，大家都「以和為貴」，整個社會的風氣都在往和諧的方向發展。

善良的諸多好處，促使我們行善。可是在凡事講究回報的社會中，如果一個人無所求地行善，往往就會被人們誤解，甚至還會被別有用心之人利用。

2013 年中國四川就出了這樣一件事：

三名小孩好心攙扶摔倒的老太太，可是老太太卻倒打一耙，聲稱自己是被小孩撞倒的，要小孩的家長賠償。小孩的家長自然不肯，其中一名孩子的家長還打電話報警了。警方

透過調查，最後判定老太太涉嫌敲詐勒索，對其處行政拘留和罰款。

但老太太堅稱自己是被小孩撞倒的，甚至發誓：「如果我說了假話騙人，我全家不得善終。」可是根據某現場目擊者回憶，他當天路過時看到老太太走到路中央就摔倒了，「我親眼看到老太太側身摔下去的瞬間，小娃兒根本就沒有挨著她」。對於警方的處理，老太太還堅持申請覆議。

這件事很快就被媒體曝光了，面對媒體的追問和採訪，老太太每次都會向記者下跪，聲淚俱下地希望媒體能幫助她和家人挽回聲譽，這件事一時間鬧得沸沸揚揚，滿城皆知。

林子大了，什麼鳥都有，像此類的「碰瓷」事件還有很多。這些事件一直在網路上被廣泛轉貼和評論，其中的很多評論都偏向悲觀。有些人甚至認為這種事情今後也會頻頻發生，社會中善舉的小火苗很快就會被澆滅。有些人還發出感慨：「誰還敢幫別人，誰還願意幫別人……」

誠然，對行善者最大的打擊莫過於「行善被汙」，人們有這樣的反應和議論也在情理之中，但如果理性地看待，這樣的事雖然不是個例，但的確屬於偶發事件。由於現代社交平臺的傳播速度之快與效應之大，這些少見的偶發事件的負面影響往往在無形中被誇大。我們會認為唐僧的善良過了頭，就是立足於現代的社會情形來進行評價的。

所以，現在在大街上，如果看到老人倒地，很多人都是不敢扶的；如果看到有人乞討，很多人也都是不敢給錢的；

如果看到有人上前打招呼推廣產品，很多人都是立刻搖頭拒絕的。這些現象非常普遍。

總而言之，當我們的善心被人過度消費和利用之後，最後我們可能就不再行善了。

八、行善有學問

行善，我們可能會被利用；可是如果不行善，我們的內心又會產生愧疚感。從人的本性出發，每個人都希望自己能成為一個善良的人。所以不能因為善良會被利用，我們就拋棄善良或者不去行善。

那我們究竟應該怎麼做呢？

1. 我們要學會做一個柔軟的人

這裡說的柔軟不代表軟弱，它是一種溫和從容地對人對事的能力，也是一種不堅硬、柔和謙虛的能力，更是一種對人的憐愛和關注。

一個姓胡的中年人，他有點耳聾和弱視，還是一個孤兒，幾十年來一直以修車為生。在最初的那幾年，那些來修車的人總欺負他聽不見、看不清，有些人等他修完車不付錢就跑了。但是老胡從來不抱怨，更不會辱罵，依然盡心盡力地修車。

每到農忙的時候，村裡有些婦女就會叫老胡幫忙一起翻地澆水，但往往那些婦女做一會兒就跑到田邊休息去了，而老胡卻頂著烈日，一趟一趟地扛著水不停地在田間忙碌著。連周圍的鄰居都覺得那些婦女太欺負人了，但老胡卻依然開心地忙著農活，覺得這是他應該做的。

漸漸地，村子裡的人被老胡這種以德報怨的善良感動了。後來大家只要需要修車，就全都交給老胡，並且從不拖欠他的修理費。如果村裡有什麼活動，一定找老胡做主辦者，因為他在這個村裡有很高的人氣和信任度，後來整個村子因為他而有了很強的凝聚力，大家都信任他。

所以當你用柔軟的方式去對待身邊的人和事，你採取的行動就能展現出自己那顆善良的心，那麼最終你將收穫更多幸福。

2. 我們要學會做一個「傻氣」的人

著名教育家張伯苓說：「欲成事者，須帶三分傻氣。」這裡的「傻」並非真傻，而是一種「大智若愚」。

這種人擁有大愛無私的奉獻精神，也有一股堅持到底的韌勁，不會過分地計較自己的利益得失，做事會堅持始終如一。他們單純、善良、誠信，且擁有極高的道德信仰，他們有決心和勇氣去為大家做好每一次的服務，在實踐中去不斷地行善。

　　然而這個社會也有太多「三思而後『私』」的聰明人，他們在做事前都會三思自己個人利益的得失。

　　例如：我們在路上遇到一個被一群人打的人，一些人覺得這與自己無關，乾脆裝作看不見；有些人會想著上去幫一把，不過一看那群人身強力壯的，立刻就避開了，害怕自己過去也會被打得很慘，於是乾脆不惹麻煩了。由於種種猶豫和自私的想法，我們會失去一次次行善的機會。其實面對這種情況，我們是可以採取一些措施的，比如偷偷打電話報警，或者號召群眾聯合勸架。但這種事，可能也只有「傻人」才會管。

　　擁有行善的「傻氣」，才會全無計較，一心一意。也是這樣的「傻子」，最終獲得了自我實現與幸福。唐僧就是一個很典型的例子。如果不是他的這種傻氣，他能不能破解九九八十一難，取得真經修成正果，就未可知了。

紅孩兒高升卻遭到家人反對：需求不同，態度就不同

一、紅孩兒高升

紅孩兒本來是牛魔王和鐵扇公主之子，曾居住在號山枯松澗火雲洞，自封「聖嬰大王」，本想吃下唐僧肉長生不老，結果被觀音菩薩以法力收服，成為菩薩身邊的善財童子。

成了善財童子，有什麼好處？站在孫悟空的立場看：「他如今現在菩薩處做善財童子，實受了菩薩正果，不生不滅，不垢不淨，與天地同壽，日月同庚。」這話是說，紅孩兒由一個沒有固定收入、生活沒有保障的小混混，一下子得到了一份規模龐大且終生享受政府津貼的「鐵飯碗」，最重要的是，他還是主管身邊的紅人，這樣的職業，前途不可估量啊！

可是紅孩兒的父母卻有不同的意見。

二、各有各的說法

作為當事人的紅孩兒，他自己是非常感恩觀音菩薩的，這從他與孫悟空的對話就可以看出：「孫大聖，前蒙盛意，幸

菩薩不棄收留，早晚不離左右，專侍蓮臺之下，甚得善慈。」

紅孩兒的叔叔如意真仙卻不同意，他有自己的理由：「我舍姪還是自在為王好，還是與人為奴好？」俗語說，「寧為雞首，不為鳳尾」，如意真仙的理由也有幾分道理。

紅孩兒的母親鐵扇公主也不同意自己的孩子當善財童子，她的理由是：「我那兒雖不傷命，再怎生得到我的跟前，幾時能見一面？」這正是母親因為兒子不能常陪伴左右而產生的抱怨心理。

紅孩兒的父親牛魔王開始也認為去當善財童子是誤了兒子，直言要找悟空好好算一帳。悟空向兄長解釋說：「（令郎）現今做了善財童子，比兄長還高，享極樂之門堂，受逍遙之永壽，有何不可，返怪我耶？」牛魔王聽了之後，也覺得這潑猴此番說話倒是在理，細細一思量其中的利弊得失，也就不追究悟空的責任了。

三、態度不同實際是需求不同

叔叔想讓紅孩兒逍遙自在，母親想讓紅孩兒常伴左右，父親想讓紅孩兒揚眉吐氣，這三種截然不同的理由和態度真實地反映了三人內心的不同需求。

馬斯洛需求層次理論是人本主義的科學理論之一。這一理論將人類的需求像金字塔階梯一樣從低到高按層次分為五

種，分別是：生理需求、安全需求、愛與歸屬需求、尊重需求和自我實現需求。

1. 生理需求

　　一個人在社會生活中最基本的需求，包括對以下事物的需求：呼吸、休息、食物、睡眠等。滿足不了這些需求，人體生理機能則無法正常執行。馬斯洛認為，只有這些最基本的需求得到滿足之後，其他的需要才能成為新的激勵因素。

2. 安全需求

　　包括對人身安全、家庭安全、工作職位保障、健康保障、財產所有性的需求。馬斯洛認為，整個有機體是一個追求安全的機制，人的感受器官、運動器官、智慧和其他能量主要是尋求安全的工具，甚至可以把科學和人生觀都看成是滿足安全需求的一部分。

3. 愛與歸屬需求

　　包括對愛情、親情、友情的需求。人人都希望得到他人的關心和照顧。前兩種需求得到滿足之後，人們就開始渴望和別人建立起一定的交際關係，希望得到別人的認可與支持。心理上的需求比生理上的需求更細緻，它和一個人的生理特性、經歷、教育、宗教信仰都有關係。

4. 尊重需求

　　包括自我尊重、信心、成就、尊重他人和被他人尊重的需求。人人都希望自己有穩定的社會地位，希望個人的能力和成就得到社會的承認。馬斯洛認為，尊重需求得到滿足，能使人對自己充滿信心，對社會懷有滿腔熱情，體驗到活著的價值。

5. 自我實現

　　包括道德、創造力、自覺性、問題解決能力的需求。自我實現的需求是最高層次的需求，是指個人實現理想、抱負，個人的能力發揮到最大程度。達到自我實現境界的人，接受自己也接受他人，解決問題的能力增強，自覺性也會很高。

　　從這五種需求中，我們可以看出，所處的需求層次不同，自然對同一件事的態度也會有所不同。

四、原來都是需求在作怪

　　母親鐵扇公主心心念念希望紅孩兒常伴左右，實際上是為了滿足自己的愛與歸屬需求。牛魔王婚內出軌，長年累月不回家，夫妻情分已經名存實亡了。好在她還有一個精神上的寄託，兒子能時不時地來探望，也算彌補了情感上的空虛。哪知現在兒子也被別人奪走了，做母親的哪能夠坐視不管。

　　叔叔希望紅孩兒能夠過得逍遙自在，實際上是為了滿足自己的尊重需求。如意大仙是何許人也，是霸占落胎泉的道

士。人們要想討要一碗泉水來喝，「須要花紅表禮，羊酒果盤，志誠奉獻」，只有這樣才顯出他的面子和身分。姪兒紅孩兒從「山大王」搖身一變，成了侍奉觀音的童子，不僅當初的權力地位沒有了，還成了伺候別人的「奴才」，這在如意大仙看來，是何等的羞辱，是可忍孰不可忍！

父親牛魔王最後默許，實際上是為了滿足自我實現的需求。牛魔王神通廣大、法力無邊，是一個能夠不靠法寶以自身武力與孫悟空匹敵的角色。可是他的本領再厲害，也只是一個下界的閒散妖怪，既不能名留史冊，又無法光宗耀祖。紅孩兒雖被觀音帶走做了善財童子，但好歹從此脫離妖道，與天地同壽，成了名副其實的神仙。這對於妖怪家族來說，可是值得慶賀的頭等大事。所以對於紅孩兒被抓一事，牛魔王並不像弟弟和妻子那樣強烈地反對。

紅孩兒自己的想法和父親也差不多。自己本來只是一介妖怪，平日裡還作惡多端，菩薩不僅沒有懲罰自己，還提拔自己做了善財童子，這是何等的大機緣啊，自己一定不辜負菩薩的期望，在工作中一定要好好地表現。

五、愛你不一定懂你

牛魔王一家四口人，叔叔想讓紅孩兒占山為王，威風自在；母親想讓紅孩兒常伴膝下，共用天倫；父親想讓紅孩兒光宗耀祖，壽與天齊。可是紅孩兒他自己到底想要什麼呢？

剛開始也許是高官侯爵、壽與天齊，後來可能是盡忠職守，回報菩薩的提攜吧！

那些口口聲聲說「愛你」的人，卻不一定懂得你真正的想法，像這樣的情況，現實生活中時不時也會有發生。

現代父母的受教育程度已經大大優於上一代父母。他們會在睡前跟孩子講繪本故事；會帶著孩子去迪士尼遊玩，圓了孩子們童年彩色的夢；小事情上會徵求孩子的意見；有空的時候與孩子們進行一些親子遊戲，完成一些高品質的陪伴。但在日常的生活中，我們聽到最多的、不經意間的親子對話，依然還是這樣的──

「你如果不按照這個要求做，我就不喜歡你了。」（威脅）

「我認真跟你說一下這個道理，你仔細想一下。」（灌輸）

「你必須好好讀書，不然你的前途會一片黑暗。」（否定）

在我看來，這些話通通不是互相的交流，而是父母單向地，打著愛的名義，站在習以為常的制高點提出的要求。

父母希望孩子能夠完成自己沒有實現的目標，希望孩子能夠按照自己的計畫去思考和行動。他們在親子教育方面充滿了焦慮，讓孩子上補習班、報名校、考滿分，但這一切終歸只是父母的心願，是父母的願望在孩子身上的投射。孩子也是有思想、有能力限制的、活生生的個體，他們不可能輕而易舉地就範。

　　孩子的內心真正想要什麼，也許有些父母自始至終都不在意，因為他們自以為「孩子還小，這些道理他哪裡懂，沒有做父母的引導，他肯定會吃虧的」。父母把自己看成孩子的救世主，凡事都替孩子安排好、打算好，殊不知這一切或許正在扼殺孩子的自理能力、創新思維和自信心，會讓孩子更快地遠離自己。

六、交流有方法

　　前面已經提到，當人們內心的需求不同的時候，他們對待事物的態度也會不同。就像對於紅孩兒高升這件事，他家裡的三位長輩就各有各的想法。而和諧的親子關係，應該是父母找對愛子女的方法，學會尊重子女合理的要求。那麼父母們如何得知子女的合理要求呢？肯定是透過與子女交流得來的。經常有子女抱怨，父母不能理解他們的想法，可是他們又何嘗給過父母理解自己的機會？有很多子女拒絕與父母進行深入的交談。

　　「對你說」技術就旨在創造一個父母和孩子進行內心交流的機會。此技術採用格式塔流派中常用的「空椅子」這一載體。以椅子代表孩子，把椅子放在父母面前，以實現父母與「孩子」的心理對話。這個技術看似簡單，但被證實非常科學有效。具體操作方法如下：

◆ 請準備一張白紙、一枝筆，放在面前，閉上眼睛，在記憶中搜尋一下你的孩子的樣子，他的五官是怎樣的，他最喜歡做的表情是什麼。

◆ 用筆在紙上畫出孩子的模樣來。不一定要畫得很相像，只要能表現孩子的特徵就可以了。

◆ 一張椅子放在你坐的椅子對面，將畫像貼在椅子上，放背景音樂〈對你說〉。

◆ 上眼睛，感受到你的孩子已經坐在對面的椅子上了，看到他在做什麼，他穿什麼樣的衣服，他是怎樣的表情。

◆ 靜地看著你的孩子，跟隨音樂，把想對他說的話真實地告訴他，放下爸爸／媽媽的權威，不要擔心孩子會不會接受，只要真實表達你的內心想法。你要相信，只要你表達了，孩子就能聽到。

這一簡單的過程，看似在幫父母，其實也是在幫孩子，父母將心中的情緒和想法表達出來，內心自然就通透了，當他們再面對孩子的時候，愛就成了連線彼此最珍貴的元素。當愛變得純粹，不摻雜著塑造和控制的時候，孩子是可以感受到的，溝通也就可以更簡單、更順暢。

唐僧的感恩：歸因方式決定感恩傾向

一、西行之路源於感恩

取經路途遙遠，足足有十萬八千里，且一路上各種妖魔當道，危險橫生，即使有命去也沒命回，可是玄奘偏偏接下了唐王這份差。

唐三藏心裡到底做何感想呢？為何他會放著好好的榮華富貴不享，放著吃齋念佛的安穩日子不過，反而一心想要去千里之外求取真經呢？這就要從玄奘的感恩之心說起了。

二、擁有這麼多，一定要感恩

話說唐朝在開國後不久，皇帝唐太宗就想要舉辦一次大規模的「水陸大會」。舉辦這場「水陸大會」，需要一名有威望、有德行的高僧來主持。在之後的主持選拔中，玄奘脫穎而出，摘得選舉大賽的冠軍。唐王在了解了玄奘的家世背景後，對他頗為賞識，便封他做了僧官，掌管全天下的僧人。

唐太宗之後偶遇觀音菩薩化身的老和尚，這位老和尚手持兩件寶物 —— 錦襴袈裟和九環錫杖，前來變賣。這兩件寶

物可是「此物只應天上有，人間能得幾回聞」的至尊之寶，變賣的價格也是前所未見的高，袈裟五千兩，錫杖兩千兩。一聽這價格，身為一國之君、見慣金山銀山的皇帝都坐不住了：「你這兩件東西到底好在哪，你敢賣這麼貴！」待和尚說明價值後，皇帝二話沒說：「朕買你這兩件寶物，賜他（玄奘）受用。」

待玄奘穿上袈裟，持了寶杖，太宗又賜他兩隊儀從，讓他去中央大街上狠狠地威風了一把，那架勢就如狀元及第一般莊重。當天在那大街上，隊伍轟轟烈烈，搖搖擺擺，長安城裡的男女老少，無不爭相喝采和誇讚。玄奘是打從心底感謝唐王的，唐王對他有知遇之恩，猶如再生父母，又賜給他能獲得的最高榮耀。此刻的玄奘覺得很滿足，也很幸福。

所以，只要一有報答知遇之恩的機會，他就會將自己的感恩之心化作即時的行動。唐王想要派一人前去遙遠的西天求取三藏真經，玄奘想都不想，立刻站了出來：「我去，我願去！」

三、歸因方式決定感恩傾向

唐僧的西行之路是源於感恩，那麼感恩是如何產生的呢？在這裡，我們從感恩行動中的角色定位來探討這個問題。

受惠者感恩心理的產生主要遵循感恩意識－感恩情緒－

感恩行為的動態過程。首先，個體會將獲得的幫助，看作是他人出於善心提供的援助。這種歸因會引發個體對他人的感恩情緒，進而產生回報他人的感恩動機。然後，個體的報恩動機會轉化為外在的感恩行為，感恩行為得到自己和他人的評價和回饋後，會進一步強化感恩意識。這是一個循環往復的過程。

而施惠者就明顯不同了，其遵循的是感恩行為－感恩意識－感恩情緒的動態過程。首先，個體根據他人需求有目的性提供幫助等感恩行為；其次，對感恩行為結果的評價回饋到個體的認知層面，產生感恩意識；再次，個體對感恩意識的歸因傾向產生感恩情緒體驗；最後，感恩情緒的高度喚醒維持互惠公平的動機，促使個體再次做出感恩行為，使感恩成為「慣性」，增強社會關係連結，促進社會和諧發展。

由於本章內容主要討論受惠者的感恩之心，所以，施惠者的心理就不再贅述。透過受惠者的感恩心理機制，我們可以看出，歸因方式在感恩過程中所產生的重要作用。

美國著名的心理學家伯納德・韋納認為，歸因方式可能決定一個人的感恩傾向。具有感恩傾向的人傾向於把他們的積極結果歸因於他人的努力；相反地，不具有感恩傾向的人似乎更傾向於把他們的成功和好運歸因於自己的努力或者積極的人格特徵。當然，雖然前者傾向於關注他人對自己提供的幫助，但這並不意味著他們不看重自己的主觀努力。

以上的理論知識解說，意在說明一個問題，那就是要正確了解他人的幫助或餽贈，在受惠時進行積極的外部歸因，才能進一步引發感恩的積極情緒以及隨後的感恩行為。

四、外部歸因引發感恩行動

其實仔細想想，唐僧也是個有才、有德、有背景的人。

從眾多僧官中脫穎而出，一舉拿下第一名，這就是才；德呢？從出生至今一直在寺院生活，謹守佛教清規，持齋受戒，不愛榮華，一心虔誠修行；有背景則展現在他外公是當朝宰相，父親也曾高中狀元。

這樣一個背景身家和個人能力都堪稱完美的人，完全有理由將成功歸因在自己身上。可是恰恰相反，唐僧沒有把自己的成就當成是憑實力得到的，而是把這些名、利和權全部歸因於唐王的慷慨所賜。沒有唐王的知遇之恩，就沒有他今天崇高的榮譽和禮待；沒有唐王的聖恩浩蕩，他也不會有現在的成績。所謂的「士為知己者死」，說的就是唐僧的回報心理。從他回到寺裡，對眾僧人感述「聖恩」就可以直接看出。

當玄奘把成功進行外部歸因時，他就會產生報恩動機：受王恩寵，不得不盡忠以報國耳。於是當唐王詢問誰肯上西天拜佛取經時，玄奘二話不說就立刻接下任務：「貧僧不才，願效犬馬之勞，與陛下求取真經，祈保我王江山永固！」此

刻玄奘的報恩動機已經徹底地轉化為感恩行為了。

　　唐王一聽玄奘如此忠賢，如此地知恩圖報，歡喜得不得了，當場就與玄奘結拜為兄弟，口稱「御弟聖僧」。得到唐王如此的恩寵和眷顧，玄奘更是感激不盡了，立即發誓：「我這一去，定要捐軀努力，直至西天。如不到西天，不得真經，即死也不敢回國，永墮沉淪地獄！」

　　此時玄奘的感恩意識更加強烈，感恩行為也由此強化，在激動之餘，為表決心，還立下了軍令狀！

五、西遊記是一部感恩史

　　其實，當我們仔細研讀完《西遊記》時，就會後知後覺地意識到這其實是一部感恩史。

　　取經的領軍人物唐三藏是為了報答太宗皇帝的知遇之恩，才不惜歷經九九八十一難，誓死也要去西天求取真經，這是凡人唐三藏取經之路的開端。

　　小說第十四回中，唐三藏於五指山下解救了自己的大徒弟孫悟空。由於感激師父的救命之恩，悟空自願放棄了花果山上瀟灑快活的日子，心甘情願地跟著唐僧一路顛沛流離，居無定所，只為幫師父取得真經。這便是威風凜凜、連玉帝老爺都不放在眼裡的齊天大聖取經之路的開端。

　　唐三藏和孫悟空是《西遊記》中最主要的人物，他們二人

的取經之路都是源於感恩。更不用說「後勤擔當」沙僧和「交通擔當」白龍馬了，這兩位一路上一直都默默做事，任勞任怨，無一不是發自內心地充滿著感恩之心。

不僅僅是主角們充滿著感恩的心，有些配角們也非常重視感恩。唐僧師徒一路上遇到不少妖怪，其中一個就是黑熊精，黑熊精感恩母親，為過母難日，偷取袈裟。最後一難是通天河的老龜，由於唐僧師徒忘了約定，不懂感恩，老龜直接把他們扔進了河裡。

這首尾呼應皆反映出了吳承恩老先生對感恩之情的重視與宣揚。

六、現代社會需要感恩

感恩，是一個毋須過多贅述的名詞，我們也時常把感恩教育掛在嘴邊。也正是由於整個社會缺失感恩的氛圍與行動，我們才需要不斷地提倡感恩。

設想一下，如果在取經的漫漫長路中，悟空念念不忘的是唐僧如何哄騙自己戴上金箍、如何用緊箍咒教訓自己、如何不留情分地趕走自己等這些場景，那麼悟空還能順利到達西天，修成佛身嗎？答案是不能。美國著名演說家東尼·羅賓斯指出：成功的第一步就是先存有一顆感恩的心，時時對自己的現狀心存感激。所以如果沒有感恩之心，悟空是不可能修行成功的。

當然我無意做道德宣講，只是提倡從心理學的角度理性地看待感恩，把感恩當作是向外獲取「正能量」的有效方式。當你發自內心地感激對方時，當你把別人給予的幫助歸因為人心善良時，你的內心也會有一股力量升騰而出，你就能感受到自己是被人關心和愛護的，這種正能量的獲取和傳遞，就是我們宣導感恩教育的初衷。

現在很多國人也會效仿西方過感恩節。但是我們似乎更停留於形式，大家一起出去活動，然後一起聚餐，最後臨別前順便祝一句：「感恩節快樂！」

傳統文化是講究含蓄的、內斂的，大多數人不善表達自己的內心情感。即使有的人內心已經非常激動，但也就是簡單說一句「謝謝」。這樣的表達顯然是不充分的，說者沒有詳盡、清楚地表達內心的感受，聽者也並不能確切地知道自己的行為究竟給了對方怎樣的幫助。

感恩其實是一種強大的力量，當我們表達感恩之情或者內心湧起感恩的情懷時，我們就獲得了新的正能量。因為，心存感恩說明我們體會到自己被愛、被照顧、被幫助；說明我們相信社會的正能量和溫暖；說明我們收到了他人的付出，我們與他人有了更好的連結。

社會並不缺乏正能量，我們的內心也不缺溫暖。只要仔細尋找和感受，在你內心中某個柔軟的角落裡，一定有某個人，想起他的時候，你的心中充盈的都是感動……

　　為什麼有些人會覺得人心難測？為什麼有些人會覺得世態炎涼？為什麼有些人會覺得自己在人際關係中面臨著十面埋伏？因為他們只注意到了事件的負面，沒有感受到人間處處都存在的溫情。他們覺得自己認認真真、勤勤懇懇了那麼多年，應該得到一些餽贈，但往往天意弄人，不論在情感上還是事業上都沒有收穫和進步。這種遭遇下他們怎麼會產生感恩的心理呢？

　　當我們固執地站在「受害者」的惡性循環中不願出來時，我們就會難以自拔；但是當我們反過來，把自己看作是種種不幸的「倖存者」時，我們就能更多地用感激的心態來看待這些經歷。

七、只有感恩能化解怨恨

　　小溪是南部人，出生於 1970 年代，上面有三個哥哥。父親長年在外地工作，很少回家，媽媽帶著他們幾個和爺爺奶奶住在鄉下。

　　從小她就是一個缺少父愛的孩子，因為父親很少回家，每次回來只會很嚴屬地查問哥哥們的功課，但好像從來都沒注意到她的存在。就算她考取了好成績，獲得了很多的獎狀，拿給父親看，父親也沒有認真地看過，更沒有鼓勵和誇獎過她一句。在她的記憶中，父親從來都沒有抱過她或者背過她，連跟她說話的次數都很少。

　　而媽媽一天到晚都在忙著田裡的事情，並且還有一大堆的家事要做，更無暇顧及她的處境與對愛的需求。

　　小溪非常地要強，她的夢想就是有一天能考上大學，離開這個讓她時時刻刻都想逃離的鄉下。

　　經過不懈的努力，小溪終於考上了醫學院，可惜的是成績差了幾分，只能讀私校（每學期要交幾萬元學費）。當時大哥剛剛結婚，家裡正在張羅幫二哥娶老婆，媽媽說：「那就不要讀了，家裡沒錢。女孩子家的，讀那麼多書有什麼用，將來還不是要嫁人！」小溪一聽，眼淚簌簌地掉了下來。可是媽媽很堅決，而爸爸什麼話也不說。她當時絕望極了，覺得自己的所有前程都被毀了……

　　那幾天，小溪躺在床上不吃不喝，心裡想著不如自殺算了。媽媽很生氣地說道：「想死就去死！」從此，她堅定地相信父母都不愛她。只有奶奶怕她出事，一直在窗外守著，為了奶奶，她最終打消了自殺的念頭。

　　事情過去了，但小溪對父母的怨恨卻加深了。她決定一個人出去打拚，自己供自己讀書。她走時，媽媽哭了，小溪卻一滴眼淚也沒流。

　　這一走就是十幾年。她隻身一人來到臺北，從兩手空空到經濟寬裕，這一路走來，她經歷過非常艱苦的日子。

　　她在速食店打過工，在工廠做過生產線上的工人，替有錢人家當過保母；她被顧客罵過，在做各種工作的時候也被人家嫌棄，但她從未想過低頭回老家。她從未對家人叫過一聲苦，甚至不到萬不得已，根本不跟家裡聯絡。

十幾年走過來，她的物質生活環境逐步改善，經濟條件也越來越好，但是她並不快樂，也無法說服自己走進婚姻，因為她無法相信會有人真正地愛她，也無法真正投入地去愛別人。

我聽著她講述的故事，內心止不住地惋惜和難過。這個瘦弱的女孩，將自己人生最美好的時光都耗費在對父母的怨恨裡，將自己最充沛的精力都錯付在與父母的對抗當中，至今都沒有完全走出童年缺愛的陰影，這是多麼可悲又可嘆的一件事！

眾所周知，要在內心徹底原諒曾經傷害過自己的人，這是一件很不容易的事。人非聖賢，不可能面對傷害而無動於衷，更何況傷害自己的人是最愛的父母。

面對至親對我們有意無意的傷害，我們有埋怨，也會有憤怒，甚至會採取報復的行為，這都是保護自己而做出的正常反應。但是俗語有言：傷人一千，自損八百。恨也會嚴重地損耗自己的心神，而且被恨的人在沒有察覺到恨意的時候並不會感到痛苦，痛苦的只會是那些心懷怨恨的人。

小溪如果繼續停留在對父母的怨恨中無法自拔，那麼她的一生都將在傷心中度過。只有寬容才能拯救她，只有感恩才能讓她從內心的束縛中得到解脫。

八、如何做一個感恩的人

網路上曾經廣為流傳著這樣一句話：世界上最遙遠的距離就是「你欠我的」和「我感謝你」之間的距離。的確，「你欠我的」讓我們心安理得地接收他人幫助；「我感謝你」讓我們感受到他人善意，從而產生回報他人的念頭。這就是人與人之間內心覺悟的距離，這就是「一念天堂，一念地獄」之間的差距。

如何把「你欠我的」變成「我感謝你」，把在受到幫助後獲得成功的歸因方式從「內歸因」轉為「外歸因」，這對於現代的人來說是非常重要的。唐三藏雖然有才有德，但他不會把自己的成績歸因為「唐王欠他的」，相反地，他對唐王是「感激涕零」的。

那麼我們應該怎麼做呢？如何把他人的幫助進行外部歸因，進而激發我們內心的感恩之泉呢？

下面這個「感恩三部曲」肯定會對你有所幫助：

1. 感恩拜訪

回想在自己過往的生命旅程中，有哪些人曾經無私地幫助和關心過自己，而自己雖然一直心懷感恩卻終究沒能當面說出「謝謝您」這三個字。如果有的話，請為他寫一份表達感激的書信，並尋找一個合適的時機，透過打電話或者當面拜訪的方式，將這封信親自讀給他聽。

2. 感恩幫助

採用冥想的方式去回憶自己接受他人幫助時的內心感受，之後想像當自己幫助別人時心情會如何。然後將感恩的心情在合適的時機付諸具體的行動，對一位你最想去幫助的人及時伸出援手。

3. 感恩求助

當有人向我們尋求幫助時，我們有了給予愛的機遇，有了展現自己價值的機會。這種感覺是相當妙不可言的，對助人者而言，這其實是一種無形的「餽贈」。為了讓這種「餽贈」般的美好感覺延續下去，我們還需要給予別人助人的機會。所以，找一個恰當的時機，將你想要求助的人約出來，跟他認真地講一下你遇到的困難，讓他也感受到被人求助和需要時的幸福。

第四章　堅定我們的行

想要清楚自己的心境，我們就應先看看自己的行動。行動是
在思想的引導之下完成的。如果你是一個認真的人，那麼你
做的事情也是有條有理且有始有終的；如果你是一個敷衍之
人，那麼你的行動也會是虎頭蛇尾或隨意應付的。

在《西遊記》中，當苦難頻繁降臨，問題時常出現，悟空的
多次求助，唐僧的長久堅持，正是我們了解他們心境的時
候……

悟空的求助：
「高估難度」是人們不願求助的一大推手

一、求助諸多

每當看到孫悟空與妖怪惡戰時，我們都覺得特別得爽快。可是細想下來，有幾個妖怪是悟空單獨降服的？掐指一算，好像真沒有幾個，悟空動不動搬救兵的情況我們也是見怪不怪了。

不過，大家有沒有注意到這樣一種情況：孫悟空曾經大鬧天宮，和神仙們多少結下過梁子，他向天庭的神仙們搬救兵，心裡就沒有一點難為情或者不好意思嗎？畢竟對方以前曾是自己的仇人，雙方兵戎相見，現在他卻要低下頭去求助，心裡多少也會不自在吧！另外作為不可一世的齊天大聖，他能拉下臉，放下架子，去求別人嗎？

想要弄清楚這個問題，還得從孫悟空第一次向神仙求助說起。

二、雖然不好意思，但還是開口求助了

悟空第一次向神仙求助是由於他推翻了人參果樹。

說起這人參果樹，那可是大有來頭：乃是混沌初分，鴻蒙始判，天地未開之際，產成這顆靈根……三千年一開花，三千年一結果，再三千年才得熟，短頭一萬年方得吃。似這萬年，只結得三十個果子……人若有緣，得那果子聞一聞，就活三百六十歲；吃一個，就活四萬七千年。

這果子可比王母娘娘的蟠桃還要珍貴，可是悟空卻在一氣之下把這棵果樹給毀了，果樹被連根拔起，果子一個不剩。這可惹惱了果樹的主人鎮元大仙。大仙一生氣，後果很嚴重：不救活我的果樹，師徒幾人都得陪葬。

悟空是個講義氣的人，自己闖的禍，不能讓師父背黑鍋，一定要想辦法救出師父才行。可是論武力值，他不及鎮元大仙；論法術，他也遠在大仙之下，這可怎麼辦才好？悟空一下子沒了主意，只能慌慌忙忙地四處搬救兵。

剛開始悟空找到了三位吉神——福祿壽三星，此時三星在下棋，三星問他有什麼事，悟空就故作輕鬆地說：「來找你們玩呀！」悟空畢竟自大慣了，面對面求人多少還是有點說不出口。

要不是三星識破了悟空的謊言，只怕悟空還要東拉西扯地閒談一段時間呢！悟空見瞞不下去了，就試探性地說道：

「我在路上遇到了一些小困難，想求你們幫忙，不知你們肯不肯幫我？」

昔日威風凜凜、天不怕地不怕的齊天大聖今天是怎麼了？怎麼說話如此吞吞吐吐的？我們覺得怪，三星也覺得怪：「大聖，你在哪遇到了難處，遇到了什麼難處？你要說清楚呀，要不然我們怎麼幫你？」

此時悟空仍是「蜻蜓點水」，只說了在五莊觀遇到了難處，偷果毀樹什麼的，一個字也沒提。但三星心如明鏡，怎會不知道以悟空的個性，肯定偷吃了果子。

當三星點明了實情，說悟空偷吃時，悟空還在強裝厲害：「我偷吃他果子算什麼，我還弄了它個斷根！」這下三星可嚇傻了，這猴子也太不知輕重了，靈根毀了，如何醫治。

當悟空聽到「無方」時，一下子緊張起來了，心裡也是七上八下的，早知今日，何必當初呢？可是事情既然已經發生了，該怎麼補救呢？此時悟空也是急得不行。

雖然三星沒能耐救活這果樹，但卻願為悟空送個人情。他們去向鎮元大仙求情，請求他多寬限些時日，大仙不好拒絕，也同意了。也正是在這段爭取到的時間中，悟空最終找到了觀音救活了果樹。至此，悟空第一次在他人的幫助下度過了這艱難的一劫。

三、「高估難度」是人們不願求助的一大推手

悟空雖然得罪過天上的神仙，但是只要他開口求助，神仙還是願意盡力幫助他的。

說到這裡，可能有人會有疑惑，為什麼昔日的「敵人」會願意伸出援手呢？難道是由於悟空人緣好，EQ 高，能夠化敵為友？還是那些「敵人」大人不記小人過，寬宏大量，不計前嫌呢？

要想客觀地解答這個問題，就不能忽視悟空和「仇人」的人格特點。悟空能夠求助成功，固然有雙方的努力，但最關鍵的一點是悟空的求助傾向，即悟空敢不敢向這些人求助，願不願向這些人求助。

西方心理學者有研究指出，個體遇到困難時是否會求助他人，取決於其對於獲得幫助的難度的猜想，但人們往往會高估獲得幫助的難度。

也就是說，我們在求助之前，會在心裡揣測他人是不是願意提供幫助，如果覺得這個人會幫我，我就會向這個人求助。相反地，如果我覺得這個人不會幫我，我就不會浪費時間、浪費感情向他求助了。

這是我們的理性使然，是我們經過多年演化而來的高級思維模式，但是我們在理性思考的同時，也不能忽視感性的作用。畢竟每一個人都是感性與理性的結合體。我們在理性

思考中會摻雜著感性，在感性表達中也會有理性的引導。

　　按照這樣的邏輯，我們來看自身對難度的評估。評估是一個理性的思考，這其中也有感性的成分。比如說我們的自我中心思維，我們傾向於抬高自己的仁慈以及低估他人的善良，這會降低我們向別人求助的傾向。

　　不過我們不能忽視這樣一個問題，即我們的預估會有感性的引導，他人的回應同樣也受感性的影響。我們覺得他人不願意幫自己，他人可能同樣也不好意思拒絕我們。

　　我們往往會高估求助難度，進而影響我們的求助行為。2013 年有心理學家進行了兩個關於求助難度的實驗。

　　在第一個實驗中，受試者向陌生人尋求幫助，請陌生人幫忙填寫一份 3 ～ 5 分鐘即可完成的紙筆問卷。只要填寫完 5 份問卷，就算受試者任務完成。

　　當然在這個過程中，也有一些要求：

◆ 5 份問卷必須由不同的人填寫。

◆ 求助對象一定是陌生人。

◆ 助語言統一為「請問您能幫忙填寫一份問卷嗎」，不能提供進一步的資訊或者懇求和強迫他人。

◆ 在正式求助之前，受試者需要預估一下求助人數，即需要求助多少人才能完成 5 份問卷的填寫。

等到求助任務完成後，預估求助人數和實際求助人數進行對比，就可以看出受試者對求助難度評估的準確性。

實驗的結果是出乎受試者預料的：

◆ 他們之前都覺得最起碼要求助 10 個人才能完成任務，結果只求助了 7 個人就完成了 5 份問卷的填寫。

◆ 猜想的求助人數已遠遠超過實際的求助人數，受試者高估了求助人數，高估了求助難度。

當然只憑一個實驗想讓大家信服，也多少有點難度。我們覺得不可信，心理學家也同樣存在疑惑。

為此心理學家還進行了另外一個實驗。實驗二的流程與實驗一基本相同，不同之處為：第一，實驗任務為「在本研究中，你要親自向 3 名陌生人借用手機，並撥打電話」；第二，受試者的求助語言為「請問我能借您的手機打個電話嗎？」實驗前受試者猜想求助人數約為 8 人，而實際平均求助人數卻不到 7 人。這進一步表明了受試者確實高估了完成任務所需的求助人數。

其實不管是這位心理學家的實驗，還是其他學者的研究，都是為了說明：高估求助難度是人們不願求助的一大推手。

四、求助並不像預期中那麼難

對難度的高估，讓很多人都不願求助。

悟空起初也存在這樣的心理。你看他向福祿壽三星求助時，先是不願開口，然後逐漸試探，等到實在瞞不住了，就擠牙膏似的問一句說一句，同時還避重就輕地回答。

為什麼他會這樣？

一方面是他面子上掛不住，另一方面是自己心裡沒譜，不知道這些神仙願不願意幫助他。畢竟五百年前，悟空大鬧天宮的時候，鬥敗多少天兵天將，誰的勸都不聽，誰的話都不睬，折了多少神仙的面子。他摸不清楚這些神仙會不會記仇，是不是願意幫助他，他心裡沒底。正因為以往的過節，悟空才不敢大膽地向他們求助。

不過三星的熱情讓悟空有了底氣。向東華帝君求助時，悟空就直接開門見山地說了，向瀛洲九老求助時，他也沒有不好意思。天庭神仙們對悟空都是客客氣氣的，沒有一點為難他的意思。

五、求助多了，也就不那麼為難了

悟空自從摸清天庭神仙們對自己的態度後，就不會有任何芥蒂了，每次遇到無法解決的困難，他都能夠放下身段，跨過

心中的坎，承認自己無法解決，坦誠地向他人尋求幫助。在和黃眉老佛的鬥爭中，悟空更是把搬救兵發揮得淋漓盡致。

黃眉老佛的金鐃實在了得，悟空一時輕敵就著了道。奈何悟空使出渾身解數，拱、撞、打、翹、鑽、頂，都不頂用。急得猴子叫來一群神仙，五方揭諦、六丁六甲、一十八位護教伽藍、二十八宿星辰等，但都無計可施。最後可憐了亢金龍，角上被鑽了個洞才救出悟空。

有了第一次的經驗教訓，悟空對黃眉老佛的另一件法寶「白布搭包兒」特別忌憚，不敢輕舉妄動，穩妥起見，就去五臺山請來了蕩魔天尊的五大神龍及龜、蛇二將前來相助。

哪知即便是做好了準備，請了這許多神通廣大的神仙，也依舊不敵那法寶，悟空仍然被白布搭包兒給收走了。悟空這下慌了，此時值日功曹替他出了主意，又對悟空指了一條明路：去盱眙山找小張太子和四大神將相助。

當然黃眉老佛最後的結局是被彌勒佛收走的，我們都了解，就不再多說。這一劫難中，悟空共向天庭神仙求助三次，並且他的求助行為也越來越自然，沒有任何難為情的感覺。

六、現實社會求助很難說出口

悟空這一路走來，遇到了多少妖魔鬼怪，碰上了多少美女畫皮。雖不能說他都有能力制伏，但是在眾仙家的協助

下，八十一難也都被一一破解。從整體來看，悟空的求助行為在這其中發揮了很大作用。

可是在現實社會中，像悟空這樣可以主動求助他人的人卻為數不多了，有些人甚至害怕求助別人。

為什麼會這樣呢？除了高估求助難度外，我們的文化也是影響因素之一。傳統文化推崇「天行健，君子以自強不息」，依靠他人成事則成了「無能」之舉。民間有句諺語叫「人到無求品自高」，這也在有意無意之中將求助列為「下品」之舉。施助者高，求助者低，是普遍存在卻又往往被忽視的矛盾。

在日常生活中，我們會認為張口求人顯得自己很沒能力、很失顏面。這可是對自我的一種威脅，我們怎麼能把自己的困難、無能暴露在外面呢？我們怎麼能容忍別人嘲笑或看不起自己呢？所以，除非遇到萬不得已不得不求人才能解決的事情，否則我們一般是不會向別人求助的。再者，麻煩別人也會讓自己覺得不好意思。這個問題我都解決不了，別人能解決的了嗎？萬一別人不幫我怎麼辦？要是他直接拒絕了我豈不是沒面子。出於種種顧慮，我們就很難向別人求助。

我們不願向別人求助，不願把自己的困難說給別人聽，這看上去維護了自己所謂的面子，但長此以往，它的危害遠大於現在的「好處」。

　　也許現在的你，遇到的是一個小麻煩，你覺得無所謂，將就一下也過得去，但是小麻煩會漸漸演變成大麻煩的，到時候可能會為你帶來極大的災難。比如：考試失敗，升遷無望，這些生活中的負性事件一次次地在擊打著你，如果你不能排解這種鬱悶的心境，又不願意向他人求助，時間長了，就會影響到身心健康與人格健全。

　　其實道理大家都懂，我們誰不渴望別人的幫助呢？誰不想在自己遇到麻煩之時有一雙援助之手呢？但是由於這樣那樣的顧慮、擔憂，我們把自己的渴望壓抑了下來，我們逼迫自己強大，強迫自己獨立。

　　我曾帶過一個叫「我需要你」的團體。在團體中，我把組員分為兩隊：幫助他人的人和需要被幫助的人。被幫助的人思考最近遇到的一個問題，閉上眼睛，然後大聲喊出自己的問題，要一直喊，直到有人停下來願意幫助自己。

　　環節結束後，有的成員分享道：我在生活和家庭中，一直充當著幫助別人的角色，其實我也很需要幫助。但是當老師說要把自己的困難大聲喊出來的時候，我一直喊不出來，怎樣也喊不出來，我一直咬著嘴巴，不讓自己喊出來。

　　也有人說：我很需要別人愛我，但是我又很害怕別人知道我這麼脆弱。所以剛開始的時候，我想的更多的是我需要改進，但當我聽到其他人都喊出來的時候，我鼓起勇氣把自

己內心積壓了很久的東西，大聲地說了出來。

這些成員的分享正折射出了一部分社會心態：我們害怕被別人看不起，正因為如此，我們一步步地把自己鍛鍊成了強者，但成為強者之後我們並不開心，因為我們不允許自己軟弱，我們放棄了軟弱的資格。

柔與剛，弱與強，陰與陽，本身就是不可分割的。只准有剛強，不能有軟弱是違背自然規律的；只能自己幫助別人，不允許自己求助別人，也是不科學的。這種違背規律的行為，自然不能給自己帶來持久的心理享受。

七、別人也有付出愛的需求

我曾經接待過一個名叫小敏的大學生，她以非常優異的成績考進香港大學，卻在讀了一學期之後，向校方提出了退學，之後整個人陷入了迷茫無助的狀態。

在諮商的過程中，我發現，這個不到 20 歲的小女孩，面對這樣的人生抉擇，最擔憂和覺得虧欠的不是自己，而是認為做了這麼草率的決定，對不起自己的姐姐。姐姐一直全力地支持她讀書，給予她母親般的照顧鼓勵和關心，在香港念書費用很高，姐姐努力工作，讓她不用為錢擔心。姐姐沒有上過大學，早早出來工作，扛起家庭的重擔，她覺得欠姐姐的，一輩子都還不清。

小敏不斷地重複說自己一直很自私，只考慮自己的感受，將姐姐所有的付出都當作理所當然，包括自己退學，也是一時衝動，根本沒有很好地考慮到這個決定可能對姐姐造成的傷害。

我安靜地聽完她的講述，若有所思地說：「所以，妳退了學，從某種程度上毀了自己的前途，想以此來補償姐姐，還清妳內心的虧欠？」她聽了我說的話，沉默良久，接著不置可否地輕輕點點頭：「或許吧。」

「那妳有沒有想過，妳姐姐或許內心裡有付出愛，去愛妳、疼妳的需求呢？如果妳不給她這樣的機會，她是否會感受不到自己的價值呢？」我接著說。

這個說法可能是小敏從未想過的，她有些驚訝地看著我，我堅定地望著她。我知道，不用我再多說什麼，憑著她的聰明，想要領悟其中的深意一點也不難。

我們常常以為愛人才是高尚的，付出才應當受到尊重，但其實，我們除了有被愛的需求，同時也有付出愛的需求。付出真心去愛一個人，同樣是一件幸福的事。

曾經幫助我們的人讓我們感到溫暖，可是當我們回饋自己的愛，讓更多的人感受到我們的善意，感受到我們的正能量，這何嘗不是一種快樂？

八、求助行為有方法

周國平也曾說過：「對於我們的幸福來說，被愛是重要的。」

如果我們得到的愛太少，我們就會覺得這個世界很冷酷，自己在這個世界上很孤單。所以，當我們幫助別人時，我們獲得了愛的能力，而當別人幫助我們時，我們就體驗到被愛的溫暖。

人生的幸福追求，也無疑是這兩點：愛和被愛。

其實，求助別人就是一種被愛的需求，幫助別人則是一種付出愛的需求。我們每個人都有一套社會支持系統，尋求幫助是一種能力，而不是一個弱點，我們需要得到別人的幫助來克服人生的困境。

那我們應該怎麼來尋求幫助呢？我研發了兩種相關的心理學技術，一個是「感恩求助」技術，另一個就是上文提到的「我需要你」技術。

1. 感恩求助技術

此技術旨在感恩曾經向我們求助的那些人，感謝他們讓我們有付出愛的機會，感謝他們讓我們感覺到了自身存在的價值。現在我們向他們求助，傾聽對方情感變化的同時，也能感受到求助者的內心波動，使我們在愛和被愛的空間內自由切換。

具體操作流程如下：

◆ 在一個安靜的環境中，坐下來，輕輕地閉上眼睛，仔細地回想一下，自己過往的生命旅程中，有沒有一個人，曾經向你求助，讓你有給予愛、展現自己價值的機會。你一直有一些話想對他說，卻又一直沒有說出口。

◆ 想一件他可以幫你的事情，可以是一個很小的請求，例如對你的孩子說：「請你幫媽媽倒杯水。」一位大哥對弟弟說：「我遇到很難拿主意的事情，想聽聽你的意見。」在心中確定一件這樣的事情。

◆ 像這個人站在你的面前，跟他表達你遇到的困難，說明你自己的意願，傾聽他的回應。

◆ 細體會你的整個心理過程，可以的話將這個心理過程記錄下來。

◆ 找一個恰當的時機，將對方約出來，當面說出自己的要求，請求對方幫助。

◆ 完成這件事之後，請對方分享收到你請求時的感受，你也需要分享請對方幫忙時的整個心理過程。

2.「我需要你」技術

此技術主要運用在團體中。在團體場面中，帶動成員把內心的訴求喊出來。具體的操作流程是這樣的：

◆ 團體成員分兩組，確定一組為提供幫助的人，另一組為
接受幫助的人。

◆ 接受幫助的人站出來，手把手圍成一個圓圈；提供幫助
的人搬一把椅子，放在他們後面，接受幫助的人坐到椅
子上（如果是有靠背的椅子，靠背朝裡，椅子面朝外）。

◆ 接受幫助的人坐在椅子上，這是內圈；提供幫助的人站
在被幫助人面前，這是外圈。由此就形成了內外圈。

◆ 外圈的人開始繞圈走動。接受幫助的人，開始想最近遇
到的一個問題，然後閉上眼睛，大聲喊出來。注意不要
睜開眼睛。外圈的人聽到內圈人的聲音，評估自己的能
力，覺得可以提供幫助就停下來幫助對方。幫助任務完
成後，繼續尋找下一個幫助對象。

◆ 內圈的人一直不停地喊出內心的訴求，直到有人停下來
幫助你。

◆ 放背景音樂〈和你一樣〉。

妖怪也抱團：沒有團結，很難成事

一、師徒四人，齊心協力

1986 版電視劇《西遊記》的片頭曲〈敢問路在何方〉是唐僧師徒分工合作，共成大業的最佳寫照：「你挑著擔，我牽著馬，迎來日出，送走晚霞，踏平坎坷成大道，鬥罷艱險又出發，又出發……」

師徒四人，性格不同，責任也不同，唐僧雖是凡人一個，但取經的決心最強烈，認準了方向，絕不回頭，在團隊中，形成核心領導的作用。

沙僧勤勤懇懇，任勞任怨，默默地挑著行李，照顧著師父的起居。八戒呢？幫師父牽馬，猴哥需要幫手時也要出面。悟空主要就是開路殺敵，斬妖除魔。

西行之路，十四年的征程，四人分工合作。妖怪阻路，生命威脅，上山下海，他們都不曾畏懼。也正是四人的共同努力，才能最後修成正果，完成取經大業。

二、獅駝嶺三魔協力

《西遊記》中，懂得合作的不僅僅是唐僧師徒，獅駝嶺的三個魔王 —— 獅子、大象和金翅大鵬鳥也是合力要抓悟空，吃唐僧肉呢！

本來這三個魔王是沒有什麼交集的，只因大鵬鳥聽說吃了唐僧肉可以長生不老，但他的大徒弟孫悟空是曾經大鬧天宮的齊天大聖，大鵬鳥心裡沒底，於是就找獅魔、象魔結盟，共同對付唐僧師徒。

這獅魔、象魔也不是一般的妖怪。獅魔曾一口吞了十萬天兵，並且擅長變化之術，「要大能撐天堂，要小就如菜子」。象魔的鼻子十分了得，如果被捲了過去，不管是什麼人，就是鐵背銅身，頃刻間便魂亡魄喪。大鵬鳥就更不必說了，光是如來的母舅這個身分，就知道他的本領肯定不可小覷。現在這三個魔聯合起來，就是強強聯合，如虎添翼。對付起唐僧師徒來，也就更有勝算一些。

的確，從後面情節的發展中看，三魔聯合的確讓唐僧師徒栽了很大的跟頭。

悟空聽了小鑽風對這三魔的介紹之後，就想到妖洞中去打探下虛實，於是變成了小鑽風的模樣來到了獅駝洞。誰知一時疏忽，竟被大鵬鳥識破，被裝進了「陰陽二氣瓶」。

這瓶可了不得，平常人被裝了進去，一時三刻，就會化

成漿水。悟空雖不是平常人，但也著實被這瓶子折騰得夠嗆：起初是大火燒，之後是四十條蛇咬，接著是三條火龍纏繞。這火龍把悟空纏繞得嚴嚴實實，最後都把悟空欺負得落淚了，要不是想起有救命毫毛，恐怕悟空真的要命喪瓶中了。

接著悟空正面和妖怪叫陣。他和獅魔打了二十多個回合，仍是不分輸贏，可見這獅魔的武力值還是不錯的。後來悟空不慎，中了獅魔的道，被他吞進了肚子裡。這不由得讓人感嘆：這大鵬鳥和獅魔聯合，真是選對人了。

當獅魔、象魔和大鵬鳥三魔齊上陣時，悟空三人就難敵對手了，最終悟空被大鵬鳥拿住，八戒被獅魔捆綁，沙僧被象魔捲走。

正是三魔通力合作，才換來這樣的局面。試想一下，如果這三魔各做各的，沒有合作，還能拿住唐僧師徒幾人嗎？恐怕不是那麼容易的。

三、人類以合作為原則

「一個好漢三個幫，一個籬笆三個樁」，合作雙贏的理念就連妖怪都明白。我們還有什麼理由不清楚呢？

國父孫中山先生說：「物種以競爭為原則，人類以合作為原則，人類順此原則則昌，不順此原則則亡。」美國哈佛大學教授、人類社會行為學研究專家馬丁‧諾瓦克也認為，生

命的起源來自合作，而合作是促進人類演化的基本過程。

合作是一種趨利避害的生物本能，當然也是人性的本能，這種本能是生物與生俱來的，也是生物不斷向高級方向演化的保證。從生物演化的角度來看，人與人之間和諧相處有利於個人、社會演化。如果人與人之間不和諧相處，那麼人類也就不存在了。但是隨著利益的驅動，越來越多的人忽視了合作而選擇了競爭。有個實驗就證實了這一點。

實驗過程是這樣的：

兩人充當司機，以最快的速度把兩輛運輸車輛從起點駛向終點。速度的快慢決定著賺錢的多寡，速度快，賺錢就多；速度慢，賺錢就少。要求兩人盡可能賺最多的錢。行走路線是可以選擇的：一條是專用通道，但是行程較遠；一條是近道，但道路比較窄，一次只能通行一輛車。兩人可以自由選擇路線。

看完這個實驗設計，有心的人就能計算出來，肯定是輪流走近路，才能賺更多的錢。實驗中的兩人也是選擇了近路。但是他們沒有進行合作，而是選擇了競爭，雙方都力圖搶先通過近道，誰也不讓步，雙方就這樣一直僵持著，直到實驗結束。

其實不管我們是處於哪種境地，合作都能讓我們更好地生存與發展。但現在的問題是，社會中的競爭太激烈了，人與人之間關係越來越冷漠，你防著我，我防著你，表面上和

和氣氣，心裡卻各自較勁。合作在人際交往中所占的分量遠遠落後於競爭。

四、隱霧山眾妖獻計

我們再回過頭來看看獅駝洞的三魔。雖然他們也存在利益糾紛，但是他們知道對付孫悟空並不是那麼容易的，吃上唐僧肉也並不是那麼輕鬆的。所以他們選擇了合作。這是以大局為重，以大利益為前提而達成的合作。

除了這三魔，《西遊記》中還有一個妖怪，本身能耐不大，全憑一些小妖合力替他出謀劃策，才抓住了唐三藏，這妖怪是誰呢？就是前面提過的隱霧山的花皮豹子精。

在唐僧師徒的取經團隊中，八戒的水準也就算個中上等，豹子精與八戒單打獨鬥，居然無法取勝，可見其能力一般。

雖說這豹子精沒什麼本事，但是心氣卻很高，一心想著怎麼吃唐僧肉。即使手下有個僥倖逃生的小妖告知他孫悟空的厲害，豹子精的膽怯之心也無法壓抑住吃唐僧肉的野心。

小妖們知道了大王的想法，就開始盡自己所能讓大王如願。進言的進言，獻策的獻策，出力的出力，「分瓣梅花計」就是一個小妖想出來的。

此計是這樣的：挑選三個能幹的、會變化之術的小妖變

作大王模樣，一個戰孫悟空，一個戰豬八戒，一個戰沙和尚，支開這三個徒弟後，大王在半空伸下「拿雲手」去捉唐僧。此計果然靈驗，悟空他們三個都上了當，唐僧也落入了妖怪手中。

「抓住唐僧後，也不能立刻吃，孫悟空他們會上門報仇的，到時候他把金箍棒往山腰裡一推，我們連個安身之處也沒有了。」這小妖考慮得可真周到，不僅獻計抓住了唐僧，還負責怎麼騙過他的三個徒弟，讓大王安安心心地享用唐僧肉。於是計策又來了：把柳樹根變作人頭模樣，噴上些人血，模模糊糊的，讓一個小妖用盤子端到門口。誰知悟空是個識貨的，憑藉響聲就斷定這是個假人頭，再用金箍棒打破一看，竟是個柳樹根。既然用假人頭哄騙孫悟空不成，那就來個真人頭。這次孫悟空等人信以為真，師兄弟三人一個個淚流不止，哭喊師父。

悟空在路上遇到的大小妖不計其數，沒費一兵一卒就把悟空三人弄哭的，豹子精還是第一個，也是唯一的一個。要不是悟空一心想著為師父報仇，猜想唐僧肉也早就到豹子精嘴裡了。

這就是眾妖團結一心的結果，要不然憑豹子精的智商和能耐，還沒到唐僧身邊，肯定就被打得稀巴爛了。

五、現在大學生的合作心理

妖怪都懂得合作的道理，我們人類怎麼會不清楚。可是現在社會上存在太多的名與利，存在太多的欲望與需求，慢慢地，我們的合作精神也就鬆懈了下來。

有學者曾對大學生的合作意識展開調查，發現相當一部分大學生對於合作精神理解模糊，甚至產生了偏差。

調查顯示，一半以上的學生明確表示會在考試中協助他人作弊，八成左右的學生會幫蹺課的同學簽到或補點。對於競選學生幹部的學生的「拉票」行為，70%的學生會因為面子觀念、與競選者的關係較好、利益交換等原因而答應對方的請求。

在就業方面，大多數學生都是從自身的利益和發展考慮，通常選擇有利於個人發展的職業、工作輕鬆的職業、待遇好的職業等。選擇國家和社會亟需的職業的人員僅占10%。

由此可見，當代大學生在人生的價值定位和實現途徑上往往以自我為先，對他人、集體和國家關心較少，從而導致缺乏合作精神，尤其是涉及個人利益時更是如此。

在心理層面，大學生明顯缺乏合作時面對困難的勇氣和必要的忍耐力，合作中不善於與人溝通交流；在處理競爭與合作的關係時，重競爭輕合作；合作心理素養不高，普遍存在著嫉妒、自負、自卑、任性、自私、偏執等不良心理。

當被問及不願意與他人合作的原因時，認為「自己就能夠做好」的人占34.8%，認為「別人不聽指揮，合作無法進行」的人占23.7%，「不願與別人分享成果」的人占22%，「擔心別人做不好而影響自己」的人占19.5%。

除此之外，大學生對目前大學生合作精神的總體狀況評價也不甚滿意。近40%的學生認為目前大學生的合作精神「普通，有很多問題急待解決」，還有12%的學生覺得「差」。

大學生的合作意識弱，不願進行合作。其他族群又何嘗不是同樣的心理呢？

職場上的勾心鬥角，家庭中的婆媳矛盾，商場中的爾虞我詐，競爭充斥在每一個角落。我並不是說競爭不好，競爭可以激勵人們進步，可以讓我們更加堅定地向前，它是有積極的作用的。但是我們不能因為它有積極的一面而大力鼓吹競爭，忽視合作。比起競爭來，我們更需要的是合作。現在競爭事態的愈演愈烈，更顯得合作的彌足珍貴。

六、怎麼進行合作

《西遊記》中不管正派人物也好，反派人物（獅駝嶺三魔和隱霧山眾妖）也罷，他們都懂得透過合作來達到自己的目的，而我們的許多大學生，卻一心計較個人得失，不管合作雙贏，真的是讓人嘆息。

一位哈佛大學的心理學教授認為，一個人事業的成敗在於人品的優劣。他把「與同事真誠合作」列為成功的九大要素之一，而把「言行孤僻，不善合作」列為失敗的九大因素之首。

因此，一個人要想立足於社會，有所作為，就必須學會與人合作。那我們怎麼才能很好地與人合作呢？

1. 要學會欣賞別人，不過分挑刺

合作的目的就是發揮團隊的力量，讓效益更大化。這就需要團隊中的每一個人盡力付出，積極配合。

如果你總是帶著挑刺的眼光看他人，那別人同樣也會覺得你是一個不好相處的人。彼此都對對方有意見，那還談什麼合作呢！每個人身上都有優點。我們需要做的就是欣賞他的優點，而不是死死盯著他的不足。

2. 要具有同理心

俗話說：「惻隱之心，人皆有之。」同理心是人的天性，別人遭受困厄時，我們很難無動於衷。例如每年不定期發生的風災、水災或地震，大家都會替災民感到憂心，有錢出錢、有力出力，希望他們能早日重建家園。這就是同理心。

我們在合作時，也要多考慮考慮對方的感受，不能只計較自己的得失。

3. 要相信別人

　　用人不疑，疑人不用。既然選擇了合作夥伴，就不要對對方抱有偏見。用真誠的內心對待你的合作夥伴。

　　如果你對對方沒有信任，雞毛蒜皮的小事都要過問一遍，那對方還怎麼敢與你合作呢？所以一定要相信別人。

金箍、緊箍與禁箍：
三個時期的不同約束

一、金箍、緊箍與禁箍

為了讓觀音菩薩完成「東土行動計畫」，如來給了他五件寶貝：「錦襴袈裟」一領、「九環錫杖」一根、「箍兒」三個。

佛祖特別交代，「錦襴袈裟」與「九環錫杖」要給那個取經人親用。而三個「箍兒」呢，主要是給不服管教的妖魔。不管此妖魔本領有多強大，只要戴上這箍兒，自然見肉生根，要想去掉可就難了。如果再唸一下咒語，被制伏的妖魔立刻就會疼痛欲裂，生不如死，到時候讓他做什麼就做什麼，準會乖乖地聽話，不敢有一點違背之意。

這麼厲害的箍兒，到了觀音手中，他是怎麼使用的呢？他把金箍兒給了紅孩兒，緊箍兒給了孫悟空，禁箍兒給了黑熊怪。

二、童年時期的金箍

觀音為何要把金箍兒給紅孩兒呢？這還要從紅孩兒的來歷說起。

　　紅孩兒是牛魔王與鐵扇公主之子。牛魔王是一方霸主，鐵扇公主憑藉芭蕉扇也在妖界占有一席之地。紅孩兒作為他們的孩子，拿現在的話說，就是妥妥的有身分、有背景之人。

　　不過紅孩兒可不是個啃老的米蟲，他自幼在火焰山上修煉，雖然只有三百年的道行，還是個嬰孩般的模樣，但本領可是不容小覷，甚至比那些修煉千年萬年的妖魔還厲害。

　　紅孩兒有哪些能耐呢？他嘴裡會噴三昧真火，鼻子會放濃煙，還精通變化術、重身法、解屍法、火尖槍槍法，而且頭腦聰明伶俐，手底下還有一大群小弟。

　　可是紅孩兒用這些法力都做了什麼事呢？他可是一件善事都沒做，都用來欺負別人了。抓來山神土地為他打下手，讓他們燒火站崗、提鈴喝號；還搶走了他們的香火錢，使他們吃也吃不飽，穿也穿不暖。這還不算，紅孩兒每月還派手下來收保護費，如果山神土地拿不出，就要拆毀他們的廟宇，扒光他們的衣服。可憐這些神仙，一個個如喪家之犬，惶惶不可終日。

　　另外，紅孩兒聽說吃了唐僧肉，可以與天地同壽，就天天在山頭上盼著唐僧師徒到來。可見這紅孩兒之前沒少吃過人。為了吃上唐僧肉，紅孩兒沒少動腦筋：他先是變幻成可憐模樣換取唐僧信任進而擄走唐僧；悟空上門討要師父，被

他的一口煙給噴了回來；八戒想去南海搬救兵，也被紅孩兒變幻的觀音給抓了去；觀音來了，紅孩兒不僅槍刺觀音，還搶了她的蓮花寶座，這一點恐怕悟空也是不敢的。

可見紅孩兒不僅功夫厲害，詭計多端，還無法無天，沒有一點規矩。紅孩兒這樣的妖怪，不受任何約束，要是任由其自由發展，還不定會捅出什麼大婁子呢！

但是要想管教這樣的「猴死囝仔」，又談何容易。畢竟身手這麼厲害，一般人真不敢惹他。悟空這麼厲害，還不是在他面前無可奈何嘛！這一點，觀音很清楚，所以他把最厲害的金箍用在了紅孩兒的身上。

為什麼說金箍最厲害呢？因為金箍可以一分為五。要知道一個緊箍兒就把悟空折磨得夠慘，現在弄來五個箍兒，那還不得把人制得死死的。這五個箍兒，一個套頭，兩個套手，剩餘兩個套腳。紅孩兒完全沒有一點自由了。

為什麼觀音要如此限制紅孩兒呢？這就要談到童年期的心理發展特點。

童年期的孩子心智還沒發育成熟，他們不清楚自己的想法是好的還是壞的，也不知道自己的行為會闖下多大禍。他們判斷事情的標準是其是否符合自己的需要。如果這件事正是自己喜歡的，那就是好的；如果這件事自己不喜歡，那就是不好的。所以此時一定要對他們進行嚴格教育，既要約束

言，又要約束行，要不然後果不堪設想。

放在紅孩兒身上來談，因為紅孩兒是個小孩子，心智還沒發育成熟。紅孩兒想長生不老，正好吃唐僧肉就可以滿足他的需求，於是他想都不想，就抓了唐僧準備吃肉了。

這種衝動的背後其實隱藏著很大的危險。要不是觀音菩薩手下留情，可能紅孩兒早就命喪黃泉了。因此需要對紅孩兒強加管教，既要約束頭腦，又要約束手腳，所以金箍兒必須讓紅孩兒戴上。這看似限制了紅孩兒的行動，實際上是在改正他行為上的錯誤，在他還沒有樹立起正確的三觀前，以控制的方式約束他，幫助他更好地成長。

三、青少年時期的緊箍

童年時期的紅孩兒由於身心發展的局限，需要金箍兒進行全面管制。等到他心智成熟到一定階段後，就不好再約束了，此時只能對其思想進行教化，透過道德教育間接約束其行為。

你看孫悟空就像叛逆期的小孩，在東海龍宮討得金箍棒之後賴著不走，非得配一套衣服才行，否則便要出動武力；被閻王爺勾了魂魄之後，他一氣之下，竟大鬧地府，毀了所有猴類的生死簿；聽說弼馬溫只是個不入流的小官，他直接跑走不幹，打出南天門，重返花果山；之後他又名注齊天，

偷蟠桃，盜仙丹，鬧天宮……這所有的一切都能看出孫悟空的叛逆與不服管教。

悟空這樣無法無天，如來不能坐視不管，就用五行山壓制他五百年。可是五百年時限一到，重見天日的猴子還是那樣我行我素，脾氣秉性沒有任何收斂。

雖說他受觀音指點保護唐僧西天取經，但是區區一個凡人怎麼能鎮得住悟空。師父批評兩句，悟空就受不了了，開始頂嘴，最後還撇下師父一人，不管不顧，自己跑去東海龍宮喝酒去了。

畢竟悟空只是隻叛逆的猴子，心智什麼的還是不能和成人相比，他做事情很少考慮別人，只要自己滿意了就行。如果悟空在取經路上，一直都是這樣的態度，那還怎麼能一心保護唐僧呢？必須對他加以管教才行。如果此時不對其好好約束，以後他難保不會變本加厲，所以這時緊箍兒就來了。

這緊箍兒不同於金箍兒，它是一個戴在頭上的箍兒。這就象徵著對悟空大腦的管制。

我們知道，大腦是產生思想的，對大腦進行約束，也就是對思想進行約束。其實也只能對悟空進行思想約束了，畢竟他是靠本領吃飯的，如果約束他的手腳，他還怎麼降妖除魔保護唐僧呢？更何況唐僧區區一介凡人，想要約束悟空的手腳也不太實際，所以只能約束其思想了。

不過這裡面還有一個門道，那就是行為是思想的產物，唐僧約束了悟空的思想，其實也就間接制約了他的行為。

四、成年時期的禁箍

如果說紅孩兒象徵著童年期，孫悟空象徵著青春期，那黑熊怪則是成年期了。為什麼要這麼說呢？我們需要先了解一下黑熊怪。

黑熊怪是一個虔誠的佛學愛好者，這從他的洞府選址就能看出。黑風洞離觀音禪院很近，只有二十里，院中的和尚每日唸經誦佛，黑熊怪肯定也是能聽得見的。

不過黑熊怪對佛學的痴迷可不僅僅在此，他還經常邀請金池長老在洞中講經，對佛門的寶貝也瞭若指掌，他第一眼看到錦襴袈裟就知道這是佛門異寶。

另外，黑熊怪也崇尚道教的煉丹之術，希望可以透過吞食丹藥得道成仙。他經常與其他修煉之人一起研討製丹之法，交流修仙心得，甚至還和戰鬥力遠不如自己的蒼狼怪凌虛子稱兄道弟。

不同於紅孩兒的任性妄為，也不同於孫悟空的叛逆不服，我們從黑熊怪的洞府、喜惡就能看出，黑熊怪是明是非、知善惡的。他知道自己想要的是什麼，也樂意為自己的追求努力。另外，他也很有孝心，把自己的生日看作是「母

難之日」，謹記父母的養育之恩。邀請他人參加宴會之時，他也是謙虛有禮，真誠友善。如果拿我們現代人的眼光來看，黑熊怪絕對是一個沉穩可靠的成熟男人。

不過世界上是沒有完人的，黑熊怪有一個致命的弱點，那就是貪心。他明明是去救金池長老的，卻被袈裟迷了眼，結果撇下朋友，偷走袈裟，直接跑了。這也太不講義氣了吧！

佛教把貪念稱為三毒之一，如果黑熊怪想要修成正果，就必須要摒棄掉貪念。可是這時的黑熊怪道行已經很深了，修為也已經很深厚了，他很難注意到自己的貪念，更別說摒棄貪念了。觀音就想到了一個方法，讓他戴上禁箍兒。

這禁箍兒有什麼作用呢？其實名字已經點出來了，是要「禁」他的貪心妄想。只要黑熊怪有不軌的舉動，把禁箍兒咒唸上一遍，定叫他疼上個大半天，從此不敢再生二心。觀音唸了一次禁箍咒，黑熊精就被制伏了，足見這咒語的威力。

五、雖是約束，也是鞭策

不管是紅孩兒的金箍兒，孫悟空的緊箍兒，還是黑熊怪的禁箍兒，目的都是為了約束他們的不軌行為，只是不同時期運用的約束形式不一樣而已。

童年時期我們既要約束言，又要約束行，所以紅孩兒就

戴金箍兒；青少年時期主要是約束思想，孫悟空就戴緊箍兒；而成年時期呢，對於那些不好的行為，禁止才是最好的出路，黑熊怪則是禁箍兒。

這三個箍兒，表面上看似是約束，其實也是一種鞭策與激勵。這從紅孩兒、孫悟空、黑熊精戴上箍兒之後的變化就可以看出。我們先來看紅孩兒。紅孩兒想吃唐僧肉就是為了長生不老，卻被觀音制伏，做了善財童子。雖然日後的生活不如占山為王時那樣瀟灑恣意，但也算得了正道，實現了與天地同壽的願望，紅孩兒還是打從心底感謝悟空與觀音的。當悟空請菩薩收金魚精的時候，紅孩兒就抓住空檔，趕緊向悟空表明謝意：「孫大聖，前蒙盛意，幸菩薩不棄收留，早晚不離左右，專侍蓮臺之下，甚得善慈。」

而悟空的變化，我們一直都看在眼裡。他漸漸地開始考慮師父的感受，開始注意他人的想法。他不再是那個看到妖怪就想打、看到壞人就想殺的齊天大聖了。

自從黑熊精跟了觀音，有了禁箍兒的束縛後，他就更可以自如地修仙了。此話怎講呢？黑熊精和西遊世界中的絕大多數妖怪都不一樣。多數妖怪滿足於喝喝酒、殺殺人的眼前快感，黑熊精則不然。他嚮往的、追求的，一直都是長生大道。這樣的妖怪跟著觀音，每日參禪悟道，自然如魚得水。

六、我們缺少與約束同行的勇氣

約束對於我們而言並不陌生，我們缺少的就是被約束的決心，或者說是與約束同行的勇氣。

就拿時間管理來說吧。有些人不喜歡做時間規劃，覺得計畫趕不上變化，規劃得再好，也發揮不了什麼實際作用。他們不願意按照規劃好的道路生活與工作，覺得那樣很累，很不自在。所以他們不願做規劃，不願做時間管理。但是在我看來，這是他們不願意約束自己的藉口。

為什麼現在一些年輕人對職業發展感到很迷茫，不清楚自己可以做什麼，不知道自己的優勢在哪。其實這些都是沒有對自己的發展進行規劃的結果。畢竟好不容易從高中的牢籠中脫離出來了，考上大學，是該好好放鬆一下了。於是上課打瞌睡，甚至曠課，下了課就窩在寢室打遊戲、看綜藝，這已成為大學生生活的常態。

我並不是有意針對大學生，在很多族群身上都能看到這種現象。辛苦付出一段時間後總想著好好放鬆一下，這是人之常情，我也能理解。但是放鬆並不等於停止攀登，暫時的順利並不等於往後的成功。如果長期停留在鬆懈的狀態，那大學四年畢業後，面臨的就是「畢業即失業」的狀態。到時候的焦慮和痛苦可遠比四年間的愜意爽快對自己影響更大。所以，為了以後能有更好的發展，我們需要約束自己，需要與約束同行。

此外，我們在享受放鬆的時候，也需要為心靈增加點養分，也需要參加實踐活動，多多接觸外在的世界，為以後的工作發展增加籌碼和亮點。

七、約束是為了更好地成長

就像我們上文所探討的，不同時期需要不同的約束。童年期需要頭腦加手腳的約束，青春期需要思想的約束，成年期需要禁止不好的行為。

這三種約束，一方面要靠周圍人的力量，一方面也要靠自己的努力。不管是自我約束還是外在約束，對我們的幸福生活都是有支持意義的。我們要做的就是把這份約束當作前進的方向，與它同行，與它共同迎接人生的挑戰。

試想，如果紅孩兒、孫悟空、黑熊精沒有這箍兒約束著，他們怎會修成正果，他們可能早就被天庭消滅了，還能這樣樂哉樂哉地享受長生不老嗎？

當然有了約束之後，多少會有點不自在。能不能從心理上接受它、擁抱它，這不僅是時間問題，也是選擇問題。需要點明的是，所有的約束，都是為了更好地成長，也都是為了遇見更好的自己。

師徒四人的問題一直存在：
成長不是消滅問題，而是與問題同行

一、師徒幾人的人格問題

取經團隊中，總共有五個人。這五個人也各有各的弱點。

唐僧慈悲為懷，心地善良，可是他膽小怕事，一意孤行。悟空不讓他出圈，他偏要出；悟空不讓他進小雷音寺，他偏要進；悟空不讓他救人，他偏要救……

齊天大聖本領高強，可是他受不得人氣。師父一說他，他就負氣出走；妖怪一激他，他就沉不住氣；八戒一罵他，他就攛著打……

豬八戒，活潑可愛，但也搬弄是非、好吃懶做……

沙和尚，勤勤懇懇，但為人也比較木訥，對師父言聽計從，不敢有任何越軌行為……

小白龍雖有一身本領，但也只能是唐僧的坐騎……

二、問題其實是一種防禦

為什麼唐僧師徒的人格中會存在一些問題呢？這就要從自我理論說起。

史丹佛大學心理學教授麥高尼格認為，每個人的腦子裡都存在多個自我，有時候是及時行樂、貪圖享受的自己，有時候是踏實行動、堅定目標的自己，有時候是活在情緒下的自己，有時候是一個理智的自己……

當個體不能很好地處理多個自我的關係，或者當多個完全不相容的自我同時活躍時，個體就會產生焦慮或衝突，嚴重者會引發解離性人格疾患。但是作為高級物種，人類會有意識地處理這些衝突，處理的方法就是有選擇地取捨，滿足一些自我，壓制另一些自我。

比如說早上想睡懶覺，但是這天又要上班，怎麼辦呢？大多數的人都會壓抑偷懶安逸的自我，選擇努力奮鬥的自我。但被壓制的一方並不會甘心認輸，它總會時不時地出來騷擾你，你又消滅不了它，這時怎麼辦呢？你就需要啟動防禦機制了。

心理防禦機制是個體面臨挫折或衝突的緊張情境時，產生的一種解脫煩惱，減輕內心不安，以恢復心理平衡與穩定的適應性傾向。

有學者把心理防禦機制分為五大類別：逃避機制、自騙

機制、攻擊機制、代替機制和建設機制。這裡我們簡單了解
一下這五個類別。

- ◆ 逃避機制是一種消極性的防衛，以逃避性和消極性的方
  法減輕自己在挫折或衝突時的痛苦。這類防禦機制主要
  有壓抑、否定、退化（regression）等。
- ◆ 自騙機制含有自欺欺人的成分，這是一種消極性的行為
  反應。這類防禦機制主要有反向作用、合理化等。
- ◆ 攻擊機制是人心裡產生不痛快，但不能向對方直接發洩
  時，轉移目標，以直接或間接的方式向其他對象發洩。
  這類防衛機制有兩種方式 —— 轉移和投射。
- ◆ 代替機制是用另一樣事物代替自己的缺陷，以減輕缺陷
  帶給自己的痛苦。這種代替物有時是一種幻想，因為在
  現實世界中得不到滿足，只能在幻想中實現。比如白
  日夢。
- ◆ 建設機制是一種積極的防禦機制，這種防禦主要是往好
  的方面做補償，主要有認同和昇華兩種類型。

　　講解完自我理論與防禦機制之後，大家是不是對於問題
的產生有了一個新的認識呢？

　　我們來整理一下：由於多個自我的存在，我們產生了衝
突與焦慮；為了緩解這種焦慮，我們需要對自我進行取捨。
取捨之後就會有壓制，壓制之後會帶來不甘心與不情願。可

是我們又不能讓這種消極情感一直騷擾我們，於是會啟動防禦機制來進行自我保護，而問題正是防禦機制的外在表現。

三、師徒都是在防禦

按照上述的觀點，我們重新來看一下師徒存在的問題。

先說師父唐僧吧。他固執、不聽勸告，其實就是害怕失去自己的領導地位。我是師父，徒弟們都應該聽我的。你畫一個圈，不讓我出去，我就偏出去；你說是妖怪，我就偏不信。做師父的，就應該有權威，不能讓徒弟牽著鼻子走。所以，唐僧的固執其實是在防禦悟空對自己的控制。

悟空受不得人氣，別人一責備他他就發火，其實是在維護自己的自尊。孫悟空是堂堂的齊天大聖，連玉皇大帝都拿他沒辦法，天兵天將見他都是笑臉相迎的，可是唐僧這一介凡人卻總說他的不是，妖怪還敢嘲笑他當過弼馬溫，這是多丟臉、多傷自尊的事。悟空不發火、不反抗能行嗎？所以，悟空的受不得氣也是在防禦。

八戒好吃懶做其實是害怕吃虧，害怕挨餓受凍。沙僧的兢兢業業是害怕出錯。小白龍的一往無前是害怕被送上斷頭臺。

四、問題也是成長的方向

既然師徒幾人的人格問題是防禦的外在表現，那麼有沒有一種方法，能直接消滅師徒幾人的問題，避免防禦機制的產生呢？

其實在前面我們已經提過，多個自我活躍會引發衝突，如果無法協調好多個自我的關係，問題就會一直存在。就像只要有戰爭，就會有傷亡一樣。同樣的邏輯，你不可能消滅多個自我，自然也不可能消滅自我的衝突。

既然消滅不了，那該怎麼辦呢？應該與問題同行。就像接受多個自我存在一樣，接受問題的存在。

但現在的情況是，人們容易把問題給擴大化。如果一個人身上存在問題，他的魅力值就會大打折扣，他的成就和作為也不會很突出。如果有問題的是功成名就之人，人們就會懷疑他的成功是不是存在作弊。在人們的認知中，一個有成就的人應該是完美的人，他是不會也不應該存在問題的。

人們對於問題持有消極的態度，殊不知正是這些問題，在指導著我們往更好的方向發展。問題是自我衝突的結果，有衝突就是有矛盾，而這個矛盾和衝突就是今後我們要不斷完善、不斷突破的地方，即成長的方向。

五、與問題同行

既然問題也是成長的方向，那與問題同行，也就是行走在成長的路上。我們現在把注意點重新放在唐僧師徒身上，看看他們是怎樣與問題同行的。

首先我們要清楚，這幾個師徒的問題是改不了的。

唐僧如果不再大發「愛心卡」，完全聽悟空的話，悟空不讓他救人就不救，悟空不讓他靠近就不靠近，那他還是那個慈悲心腸的得道高僧嗎？悟空如果完全聽師父話，師父不讓他打他就不打，他還能順利保全唐僧，取得真經嗎？

雖然問題改不了，但他們也沒有整日內疚、自責，相反他們選擇了與問題同行。與問題同行後，前後十四年的取經時間，能明顯看出唐僧師徒的變化。

先說唐長老吧，在取經初期，只是看一眼老虎精的長相，他就嚇得魂飛魄散；遇到一群持刀拿槍的強盜，他就驚慌失措、不能言語。在取經中期呢，就算遇到了鬼魂，再怎麼筋骨酥軟、毛骨悚然，唐長老也會壯著膽去問事情緣由。在取經後期，聽到悟空說眼前的人是妖怪，唐長老還能很鎮定地問一句：「怎麼讓妖怪現身？」這還是之前那個膽小的和尚嗎？不是！他已經完全大變身了！

悟空的改變就更明顯了，單是他對強盜的態度便可見分曉了。起初他將全部強盜一棒子打死，還搶劫他們的衣服和

錢財，完全沒有一點人性。中期悟空只打死了帶頭的兩個，要不是剩下那些妖怪死纏爛打，悟空肯定饒了他們的性命。後期悟空已經不靠暴力解決問題了，而是使用定身法，套出強盜的罪證，把錢財悉數歸還失主，就放走了強盜。悟空的慈悲之心、善良之心已經完全得到了彰顯。

再說八戒和沙僧，雖然兩人在取經團隊中並不像悟空與唐僧那麼關鍵與重要，但是他們也是有變化的。八戒雖多次喊散夥，但從來沒往回走過。沙僧雖然武力值不高，但是該自己上場時也毫不含糊。

正是這一步步的變化，推動唐僧師徒最終修成了正果。

六、我們缺少接納問題的勇氣

透過接納自己的問題，與問題同行，唐僧師徒修成了正果。其實很多時候，我們也能看到自己的問題。但是看到問題之後，我們不是像唐僧師徒那樣一步步慢慢地進行改變，而是想著怎麼把這個問題給快速消滅掉或者掩蓋掉。

因為在大多數人看來，問題就像毒瘤，如果讓它顯露出來，總有一天自己會毀在這上面。

就像有些性格很內向的人，總覺得自己很笨，不會說話，看著那些侃侃而談的人，心裡羨慕到不行。每當他們需要在重要場合說話時，他們總會找各種理由搪塞，因為害怕

自己講不好，被人笑話。

　　其實生活中類似的問題還有很多，我們不敢把自己的問題說出來，因為說出來就意味著承認自己在這方面不如別人。我們都很樂意接受讚美，但要承認自己的不足就需要很大的勇氣了。再加上現在社會競爭日益激烈，展現自己的問題無疑是把自己的短處給別人看，這可不是明智的舉動。

　　但是我們不接納自己的問題，問題也不會憑空消失。不會就是不會，不知道就是不知道，沒辦好就是沒辦好，真正的事實容不得你反駁。

七、接納問題，才能有所改變

　　其實在心理諮商工作中，有些前來求助的來訪者，提的問題是我無能為力的。

　　就像之前有位來訪者，因為男朋友跟她分手她覺得活著沒意思了，想要自殺。說實話我真的無法幫她解決這種情感問題。

　　如果我試圖對她說我可以幫妳解決，那我就是在哄騙她，不真誠；如果我說我無能為力，她可能會覺得更加淒涼。我通常會說，我體會到了和妳一樣的心情，雖然我有點無能為力，但我不想放棄，我想和妳一起面對這個問題。這種方法就是心理學中所說的存在主義。

　　心理諮商本身是不能消除問題的，真正良好的諮商效果是幫助他人做到與問題同在，因為最終能解決問題的只有來訪者自己。

　　很多人容易陷入一個迷思：看到身邊的朋友痛苦，就很想想辦法讓他變得不痛苦。我們越是不要他痛苦，其實就越是在否定他，否定他的痛苦。男朋友與她分手，她痛苦、憂鬱、憤怒，甚至想輕生，這都是正常的。我們要接受她現在這個樣子，然後在這個基礎上幫助她。

　　其實很多人遇到的問題之所以是問題，並不是這個問題把他害了，而是他身邊的人不接受他遇到的問題這件事害了他。

　　如果身邊的人都有這樣的思維傾向：你需要趕快把這個挫折解決掉或迴避掉，就會在無形之間增加當事人的壓力，他就會產生「我無法解決這個問題或面對這個情景，是我無能，我沒有用」的想法，這反而不利於當事人心理上的恢復。

　　其實像這種失戀的案例，過段時間一般人都能撐過去。一開始他們都堅定地相信自己再也找不到幸福，但是過了幾個月或者幾年之後，他們突然發現自己當初那麼傻，居然為一個人要死要活的。這就說明他們走出來了。

　　所以，當一個人處於痛苦的情緒中時，我們不要試圖改變他，我們要接納他的痛苦，同時幫助他接納自己的痛苦。只有接納自己的問題，繼而才能有所改變。

八、與問題同行的方法

著名的哲學家史賓諾沙曾經說過:「自卑雖是與驕傲相對,但實際卻與驕傲最為接近。」用在這裡,就可以延伸為:問題雖是與成長相對,但實際卻與成長最為接近。

唐僧師徒與問題同行,接納有問題的自己,這也是自我的一種成長。可是接納並不是那麼容易就能做到的,我們現在往往是一談自己的問題就敏感,就不耐煩,更別提與問題同行了。

但凡事都有個規律,都有個法則,與問題同行也不例外。

1. 承認自己的問題

我們要承認,每個人多多少少都有點問題,不過這畢竟是「有損顏面」的事,所以有時候有不對的地方,我們會遮遮掩掩,不願公開坦白。其實這是最要命的。我們要想有所突破,有所成長,最關鍵的一點就是要認清自己,擺正心態,勇於承認自己的問題。

2. 擁有與問題同行的能力

這種能力就是將解決問題劃分為三個步驟:化解三分之一,接納三分之一,昇華三分之一。化解三分之一就是向別人傾訴;接納三分之一,即必須面對現實;昇華三分之一,

即將問題正向理解並轉化其意義。

比如一個孩子面對母親的去世很傷心。如果你跟他說人死不能復生，請節哀順變吧，他可能會更傷心，因為這個階段他的心理承受能力有限。你應該幫助他把失去至親的痛苦分成三步進行處理：先透過傾訴來化解一部分，再認同悲傷情緒，接受一部分，進而再昇華一部分。這稱為心理治療的「三位一體」，是我一直用的諮商方式。

當遇到解決不掉又不能逃避的困難時，我們可以試試這個方法。

3. 與問題同在的掌控感

青春年少時我們認為很多事都能掌控，結果長大之後卻發現有些東西是掌控不了的。

當你走到人生的某個階段，很多事情是你無法改變的。對於那些無法改變的事物，你要學著順應，有時候順應也是一種掌控。

如有些父母把孩子丟在家裡去外地賺錢，他們以為到外地賺錢後，可以為孩子創造更好的學習環境和未來，可是他們無法和孩子一起享受天倫之樂，失去了陪伴孩子一起成長的經歷，也造成了孩子童年時親情的缺失，這種失去遠不是提供金錢就可以彌補的。

西遊中的團隊管理：
能力與性格的相互補充

一、西遊中的團隊

取經團隊中，人員真的是參差不齊。既有本領高強的孫悟空，也有毫無法力的唐三藏；既有好吃懶做的豬八戒，也有勤勤懇懇的沙和尚。

這四個人碰到一塊，按理說應該矛盾百出，吵吵鬧鬧，很難團結一致才對。可是誰知他們這個團隊竟然堅持了十四個年頭，還共同取得真經，修成正果。

我們在為他們的成功感到高興的同時，也應該思考一下他們的團隊管理。為什麼這些性格各異的成員可以一起打拚奮鬥？為什麼這樣的團隊可以堅持十幾年？這裡面到底有怎麼樣的管理方法可以為我們所用？

二、唐僧品德好，領導力強

要想弄清楚《西遊記》中的管理智慧，我們還需要把注意力放在師徒四人身上，從他們的自身優勢以及團隊建構來總

結出他們的成功祕方。

唐僧是東土大唐的得道高僧，品格絕對是一等一的好，不偷不搶，不殺不掠，為人和善，彬彬有禮，不貪便宜，摘下樹上的果子送給他吃，他也因為果子外表酷似小孩而拒絕食用。當然也因為他過分善良，好幾次上了妖怪的當，差點喪命。這是後話了。

除了品格高尚外，唐僧的領導能力也是一流的。

1. 知人善任，合理分配工作

雖說悟空、沙僧與八戒都是經過觀音的引薦才加入取經團隊的，但是在團隊中擔任什麼角色，觀音可沒有交代。這一重任自然就落在了身為師父的唐僧身上。唐僧根據三個徒弟的特長與能力，進行了合理分工。分工之後，三個徒弟也沒有任何的異議，可見唐僧知人善任的能力是非常強的。

2. 平等對待徒弟，沒有任何的偏愛

雖然大徒弟孫悟空本領高，貢獻也最多，但唐僧對他的要求也是最高的，對他的懲罰也是三個兄弟之中最重的。二徒弟豬八戒雖然是團隊裡的「開心果」，但是他偷懶時也是要遭受訓斥的。三徒弟沙和尚能力不高，唐僧對他的要求自然也就低。

唐僧根據能力來提要求，能力高要求也高，能力低自然

要求也低。這就保障了三個兄弟的凝聚力，不會讓能力高的膨脹，也不會讓能力低的自卑。三個兄弟從此扭成一股繩，共同對外，一致向前。

3. 以身作則，形成帶頭作用

　　唐僧雖然沒有法力，但是在妖魔面前，卻沒有絲毫的退卻之心。就算大徒弟撇下自己而去，他也沒有停止前進的步伐。在整個取經團隊中，他的意志力是最為堅定的，有一種不達目的誓不甘休的氣勢。當團隊其他人想打退堂鼓時，唐僧還要及時整頓團隊的士氣。領導人的職責，唐僧完成得很出色。

三、悟空脾氣不好，業務能力強

　　說完團隊中的領導人物唐僧，我們接下來看團隊中的能者孫悟空。

　　孫悟空的能力眾所周知，七十二般變化、筋斗雲、火眼金睛，這三種本領，任意拎出來一個，都是出挑得不得了，更何況三種本領齊聚一身了。那真是強者中的強者啊。

　　孫悟空除了武力值外，他的社會資源也值得一提。每當遇到解決不了的妖怪，只要孫悟空上門求助，沒有哪個神仙說不的。天庭的、地府的、佛家的、道家的，對孫悟空有求

必應、有難必幫。什麼是「四海之內皆兄弟」，什麼是「叫天天靈叫地地應」，看看孫悟空就都知道了。

擁有這樣的本領和資源，孫悟空不管在何處任職，都可以混得很好。可是他偏偏在凡人唐僧這裡停留了。這是為什麼呢？

除了觀音的指派與緊箍兒的約束外，唐僧能忍受孫悟空的壞脾氣也是要特別說一說的。孫悟空在保護唐僧西天取經之前，恃才傲物，甚至都不把玉帝放在眼裡。他曾把天宮鬧了個天翻地覆，眾神仙都拿他沒有辦法，直到如來佛祖將他壓在五指山下，他才知道人外有人，天外有天。

但即使被壓了五百年，恢復自由身的孫悟空還是野性難服，只因唐僧說了他兩句便負氣離去。

據統計，孫悟空前後共三次脫離組織：打死六賊後、殺了白骨精後、殺死幾個盜賊後。拿現在的話說，這可是三次離職出走呀，很少有老闆會聘用這樣不安分的員工。可是唐僧不怕。每次孫悟空重回取經團隊後，唐僧都高度地接納，如果是自己的問題，唐僧還會主動承認錯誤。

另外，唐僧還有一點做得很好，就是不記仇，他不會因為孫悟空曾經脫離團隊而對他心生嫌隙，不會因為孫悟空偶爾埋怨就對其打壓。我想，這也是孫悟空能夠從一而終保護唐僧的原因之一吧！

四、八戒愛偷懶，活躍度高

　　八戒的性格特徵也很明顯。雖然他總是偷懶，吃得多，做得少，還總是說散夥，但是在大是大非面前，他可是絲毫沒有懈怠的。打起妖怪來，一點也沒有心軟。

　　雖說他一直在抱怨取經的艱苦環境，但是也能接受，該做的工作也是照樣做，該受的累也能受得住。更重要的是，他還是團隊的「開心果」。悟空不開心了，可以拿他耍耍，還能活躍團隊氣氛。但是八戒的缺點也很明顯。比如說他愛搬弄是非，向老闆打小報告，說悟空的壞話。而且他在團隊的忠誠度方面，是做得最不好的，說散夥的次數也是最多的，這多少影響了取經團隊的團結。

　　面對這樣一個員工，唐僧是怎麼教導的呢？該批評就批評，該寵愛就寵愛。另外作為大師兄的孫悟空，也善於拿八戒尋開心，時不時地揭穿他的謊言，指出他的問題，八戒要是不服管教了悟空還會動用武力。論武力，八戒是不如悟空的，能耐大的說話硬，能耐小的多服軟，所以八戒只能處處被悟空壓制。

　　不過這對好吃懶做的八戒來說，也是一種鞭策。想偷懶的時候擔心悟空可能在某個地方監督著自己，他自然就不敢懈怠了。

五、沙僧能力弱，任勞任怨

沙僧在團隊中一直勤勤懇懇，自從跟了唐僧之後，從來沒有過二心，也沒有說過一次放棄的話。跟團隊裡的其他成員也能融洽相處，大家有矛盾的時候他還能充當和事佬。這樣的人在團隊中能長久地生存，並且生存得還挺滋潤。

但是在取西經的團隊中，沙僧卻沒有展現過什麼能力。不是沒有機會，相反，機會很多，幾乎每次師父被妖怪抓走的時候，沙僧都陪在身邊。可是沙僧的能力確實不行，戰鬥值平平，還沒怎麼開打就被妖怪捉了去。

相比起悟空和八戒，沙僧顯得沒那麼出色，但正是因為這份平庸，才讓唐僧最為放心。唐僧不會擔心沙僧捅婁子，也不會顧慮沙僧衝撞了百姓。

六、西遊中的團隊管理

透過對唐僧師徒的性格與能力分析，我們很自然就能看出這四人在團隊中的存在價值。

唐僧是核心領導者，沒有他這個團隊就不存在；悟空是業務經理，沒有他，取經大業就很難完成；八戒是團隊的開心果，沒有他，團隊的氛圍將是一片嚴肅寂靜；沙僧是團隊的勞動者，沒有他，團隊的物資就沒了保障。

　　正是因為這四人找準了自己的位置，能力、性格相互補充，一起努力，共同發展，才完成了取經大業。這樣的團隊相處，這樣的團隊管理，對我們現代人很有啟發性。

七、現代職場應該注意的點

　　職場中魚龍混雜，充斥著各式各樣的人，因此團隊相處是個技術性工作和藝術性工作。一碗水端平可能很難，但最起碼不要戴著有色眼鏡看人，不要以自己的好惡來給別人定性。

　　比如有些剛畢業的大學生，剛入職場時由於工作經驗不夠或者「不會做人」就容易受到同事的嫌棄與嘲諷；一些高管利用自己的職權之便，經常搞「一言堂」，別人都得按照他的要求來，稍有反駁，就會遭到一頓訓斥；一些上司喜歡能說會道、對自己恭恭敬敬的下屬，而對那些有能力卻有點不服管教，類似孫悟空這樣的下屬，不是很看好。

　　在團隊中，我們應當有「我很重要，別人也很重要」的觀念，根據其他成員的性格，尋找與他們融洽相處的方式。比如：如果團隊中有能力又有性格的人，我們在合作時可以稍加小心，不要觸碰他們的「地雷」。一般情況下，他們的「地雷」都是很明顯的，只要留心，就不會引發不愉快。

　　我們還要時常提醒自己，不要把其他成員的性格缺陷上

升到道德層面，也就是說，團隊裡某人的脾氣不太好，不太合群，這只是他的性格使然，我們不能認定他的品德不好。當我們不喜歡一個人的時候，我們經常第一時間在心裡把他包裝成品德有問題的人，給這個人冠上一個罪名。這是自我中心主義，為了保護自己去醜化別人，遇到一點對自己不利的事情就認為是受到了攻擊、陷害，把自己扮演成一個受害者的形象，這樣對於我們發展人際關係是非常有害的，並且非常不利於團隊團結。

所以對待有能力但脾氣不好的人，我們要把他的脾氣和能力分開，首先要接納他人的這種狀態。

如果團隊中有沒能力也沒性格的人，我們也要容忍、接納，是庸人也沒有關係，畢竟他們不會傷害別人。當然，我們還應當積極靠近有能力又沒有壞脾氣的人，想盡一切辦法尋找和發掘這些人。正如成語「近朱者赤」，與這些人才在一起能使我們自己的人生光明起來。其實，這個道理是個公開的祕密，每個人都知道這個祕密，但是很少人有會採取行動去實現。

八、職場上的是與非

小瑜轉職到一家網路公司當企劃。老闆很欣賞她的資歷，一開始就要她當一個網站的小主管。雖然小瑜自知自己

能力不錯，工作經驗也夠，但畢竟過去沒有任職網路公司的經驗，所以小瑜婉拒了老闆的好意，願意從企劃做起。

小敏是公司的元老級人物，和小瑜同年，但能力不夠，工作態度也不好，已經好幾年了，始終升不上去。因為小瑜一進公司，工作表現就大大超過小敏，成為小瑜部屬的小敏，就暗地裡排擠小瑜。

其實，老闆知道小瑜的加入會引發小敏的反感，但念在小敏是公司的第一批員工，不願處理她。於是老闆私下找小瑜，要她「多多包涵」小敏。小瑜吃了很多暗虧，但因為老闆的交代，一直隱忍不發。這樣的態度卻讓小敏愈加猖狂，認為小瑜是一個好欺負的人，更加肆無忌憚。

某日當設計部經理質疑小敏的企劃出了大問題時，小敏竟然撒了個大謊，說：「這是小瑜的主意，我只是照她的意思做罷了。」小瑜聽到再也忍不住了，當小敏回到座位，小瑜當著同事的面，將文件夾往小敏桌上摔去，並且很大聲地說：「妳說謊！什麼我的主意！妳有膽再說一次試試看！」

小敏沒想到一向乖乖受欺負的小瑜，竟會站在她的背後，並且聽到了她說的話，還發了這樣大的脾氣。同事一看苗頭不對，趕緊報告老闆。

老闆不怪小瑜發了脾氣，卻怪小瑜沒有「多多包涵」小敏。類似的衝突愈演愈烈，小瑜再也無法忍受小敏，但小敏

無所謂。老闆需要調解衝突的次數越來越多，也越來越不耐煩。他雖然欣賞小瑜的工作能力，但卻覺得她幼稚、脾氣差。

不管火氣多大，都必須保持圓滑、冷靜，真的是這樣嗎？我想，小瑜真的做錯了一些事，她錯在不該一開始就無所謂地容忍。

面對小敏一開始一而再再而三的挑釁，不管是明的、暗的，小瑜因為老闆的交代一直隱忍不發，反而對小敏更客氣。這讓小敏覺得她是個好欺負的人，也埋下了之後交惡的惡果。

九、團隊合作有妙招

一個團隊中，會有各式各樣的人群，有些人能力高但脾氣不好，有些人脾氣好但能力不行，我們應該根據他們的自身特點來安排工作。

《西遊記》中，唐僧雖然沒有什麼大的本事，但是在領導能力上，他明顯是合格的。正是在他的帶領下，這三個能力參差不齊的徒弟才能一路堅持到底，最後收穫了名與利。

那我們能從唐僧師徒的相處過程中學到哪些相處之道呢？在我看來，如果你是一個團隊的領導者，除了基本的管理外，你還應當學會一個原則 —— 「三位一體」原則，即「時而在前，時而在後，時而在左右」。

時而在前指的是時而在前引領團隊；時而在後指的是時而在後面推動團隊；時而在左右指的是時而陪伴在團隊成員的左右。

如果作為一個領導者，你只知道在前面帶領，那麼你的團隊就發揮不了真正的實力，你的高度就限制了團隊的高度。

如果武大郎開燒餅店應徵員工，要求員工的身高不能比自己的高，這樣做確實能顯示出領導者「略高一等」，卻限制了團隊的「高度」，遲早會被淘汰的。

此外，作為領導者要適當地退後，讓團隊中的成員擁有主導的權利，給他們發揮的空間，領導者可以在後方給予支援和推動。這樣，團隊才能有活力，能夠不斷進步、不斷創新，才能有機會取得成功。

作為團隊中的成員，要學會與團隊中不同類型的成員相處，作為團隊的領導者，可以運用「三位一體」原則，達到「眾人拾柴火焰高」的效果。

玄奘的堅持：「未竟事務」的驅動

一、玄奘的打算

唐王想為冥府的孤魂超度，需要一位道行高深的人來主持法事。可是放眼望去，就連全天下最優秀的僧人玄奘也只會小乘佛法，不會大乘佛法。

觀音菩薩說：「你那法師講的是小乘佛法，度不得亡者昇天，我有大乘佛法三藏，可以度之脫苦，壽身無壞。」由此可見，玄奘講的小乘佛法再好，也度不得亡者昇天；而大乘佛法呢，不僅能度化孤魂，還能讓人脫離苦海，幫助人修得無量壽身。此等厲害的佛法正是唐王苦苦追求的。

為了獲得大乘佛法，了卻唐王心中的執念，玄奘佛前受命，去往西天求取真經。接到這個任務之後，玄奘向唐王和徒弟承諾了取經時間，少則兩三年，多則五六年便返回。為了防止自己中途放棄，玄奘還在佛祖面前發了毒誓：不取回真經，永墮沉淪地獄。可以說取經的意志是非常堅決了。

二、玄奘的心理

　　玄奘帶著自己的承諾離開了長安，只要在三年時間內取到真經，玄奘就算是功德圓滿了。可是三年過去了，路程還沒走到一小半，又三年過了，終點依舊遙遙無期。

　　玄奘此時心裡能不著急嗎？這就像我們參加學測，考試時間快結束了，還沒做完一半試題，這放在誰身上誰不急？可是急有什麼用呢？路途險惡，總是有麻煩纏身，動不動就有妖怪想吃唐僧肉，還有一些精怪想和玄奘成親。除去這些，他還時不時碰到窮山惡水、疾風勁雨等自然險阻，玄奘就是想快，老天也不給機會呀！

　　不過玄奘可不想辜負唐王的信任，臨走之前已在唐王面前發過誓，怎麼也不能空手回去。所以再長的路途玄奘也願意走，再困難的關卡他也願意去闖，不達西天，誓不甘休。別說三年、七年，就是十年、二十年他也是可以堅持的。

三、未竟事務

　　其實對於玄奘的心思，心理學中有這樣一種解釋，叫做「未竟事務」（unfinished business）。

　　「未竟事務」，泛指自己因為沒有完成某件事情，總是在有意識或無意識中追求補償的意向。人們天生有一種辦事有

始有終的驅動力，人們之所以會忘記已完成的工作，是因為完成的動機已經得到滿足；如果工作尚未完成，這一動機便會一直驅使著自己。更重要的，人們通常對未完成的事件有一種執念，這種執念就像一根刺，時不時地就會扎我們一下，提醒我們還沒有完成它。每個人都有其「未竟事務」，它可能像個陷阱一樣讓我們陷進去，難以自拔。

1920 年代，心理學家蔡加尼克曾做過相關的實驗：他將受試者分為甲乙兩組，同時運算相同的數學題。期間讓甲組順利運算完畢，而乙組在運算的過程中，突然被下令停止。然後讓兩組分別回憶運算的題目，結果發現乙組明顯優於甲組。

究其原因，心理學家給出了這樣的解釋：未完成的不爽，深刻地留存於乙組受試者的記憶中，久擱不下。而那些已完成的人，「完成欲」得到了滿足，便輕鬆地忘記了任務。由於這種「未竟事務」是由蔡加尼克發現的，這種現象也被稱為「蔡加尼克效應」。

除了發現「未竟事務」外，學者也對此進行了深一步的研究。心理學家皮爾斯認為，相比較那些已經完成的事件，我們更傾向於記得「未完成事件」。並且我們還有一個自然的傾向，那就是重新拾起並且完成「未完成事件」。

當然，如果未完成事件本身激起的情緒太過強烈，沒有及時解決，或者未完成事件累積太多，往往會形成強烈的情

結。這就會給人們的生活造成不小的困擾，甚至帶來身體方面的病症。比如：一個人演講的時候暈倒了，以後就不敢在公眾面前發言；一個人戀愛失敗了，從此害怕陷入愛情。

因為事件未完成，人們會被阻滯在未完成的情結中，出不來，進不去。

四、玄奘的未竟事務

唐僧執著於取經，在我看來，就是受「未竟事務」的驅動。你看，玄奘承諾三年完成任務，結果三年後沒有完成，取經自然就成了「未完成事件」，它會時時刻刻提醒玄奘：你還沒有把我完成，你還不能放棄我。結果玄奘滿腦子都是取經未完成，取經未完成，他還怎麼能放棄？他哪還有心思去想別的事？

於是取經這件事就像釘子一樣釘在了玄奘的心中，每次向別人介紹自己時，玄奘總稱自己為「取經的和尚」，這就是他在不斷暗示與推動自己。

雖說未竟事務可以推動玄奘勇往直前，但是這種情結勢頭過猛也會導致身心失調。取經路上，唐僧就突然急出病了，心裡開始打起退堂鼓來，這是怎麼回事呢？我們先來看看原文中的故事情節。

唐僧在一個禪院借宿，第二天卻感染了風寒。風寒按現

在的說法就是感冒，隨便去藥房買點藥就能藥到病除，即使放在古代也算不得大病。唐僧師徒一路風餐露宿，有個頭痛腦熱再正常不過了。

可是這次唐僧卻覺得自己命不久矣，賴在床上三天，之後更是直接寫信給唐王，請他換人替自己去西天取經。有沒有搞錯？西天取經幾乎接近尾聲，一個小小的風寒竟然讓唐僧產生了退縮之心，這是為什麼呢？

由於未竟事務的驅動，唐僧承受了很大的心理壓力與焦慮。取經任務的難度真的很大，他很擔心自己無法完成取經這個任務，甚至還想著要放棄。但是唐僧畢竟是在唐王面前發過誓的，也向唐王承諾過自己一定取回真經。這種想放棄又不敢放棄的矛盾心理一直折磨著唐僧，矛盾衝突到了極點，疾病就成了導火線，使唐僧的負面情緒一下子湧現出來，於是擊倒了他。

五、衝突不可怕

未竟事務一直推動著唐僧，可是取經任務的艱難也同樣使唐僧倍感壓力。在這兩種高壓源的刺激下，處於生病時期，意志薄弱的唐僧做出這種想要放棄的行為也是情有可原的。

這種躊躇蹉跎的日子並沒有持續很久，問題很快就有了新的轉機。悟空告訴師父，原來金蟬子當日聽佛打盹，踩了

一粒天上的仙米下凡，故該受三日的病痛之苦。玄奘聽了之後，立刻來了精神。他知道這病是為了考驗他取經的決心和意志，他不能被這等挫折擊垮。心魔去掉之後，身體自然也就好轉了。

從此之後，唐僧一心一意取經，再也沒有生過病，也沒有再產生放棄的念頭了。在未竟事務的驅動下，他一心向西，勇往直前。

六、「未完成」變為「完成」

其實不單是玄奘，我們很多人都會受到未竟事務的驅動。不知你有沒有留意這樣的情況：一個任務沒完成，心中總是放不下，吃飯都沒有什麼味道；一部劇沒追完，心總是靜不下來，工作都不能專心；玩遊戲一定要贏一把才吃飯、才睡覺，沒贏就一直打。這可不是強迫症、完美主義，其實就是未竟事務在作怪。

對於未竟事務，我們所能做的就是變「未完成」為「完成」，變執念為豁然。這句話怎麼理解呢？我們先來看一個案例。

有一位準媽媽，在懷孕六七個月時因為一些特殊原因小產了，她覺得自己的孩子被人殺死了，她又無能為力，於是這個未完成事件就把她逼瘋了。家人把她送進了精神病院，

她住院吃藥一段時間後也沒有得到緩解，於是她的家人就找到我來給她做諮商。

在做治療時，我知道她需要用健康的方式找到平衡，否則，她的症狀只會越來越嚴重。

我運用了與家族對話的文化心理療法。先讓她用石頭把她丈夫家裡死去的祖先排列出來，然後讓她面對面與「他們」對話。

她先問「他們」：「我的孩子去哪裡了，你們見到沒有？」就有人回答：「見到了。」她問：「你們怎麼安排他呢？」有人說：「他是我們家族的人，我們已經把他安排好了，我們會照顧他的。」做完這些之後，她的症狀就得到了緩解，因為她解決了一個問題，她的孩子的歸宿找到了。

但她所說的殺死孩子的「凶手」還沒有被懲戒。我又用另一個文化儀式 —— 象徵，讓她與「凶手」對話，問「凶手」為什麼要殺死她的孩子。她漸漸得到了釋放。因為她畢竟還有一個現實的自我，在這個過程中她知道了這件事情她是無能為力的。

這一切「儀式」完成之後，根本問題得到了解決，再加上藥物的治療，她的症狀也沒有了。

這個案例是很極端的，是未完成事件導致的心理疾病。來訪者對孩子的「未完成照顧」和「未完成報仇」，導致其對此

事念念不忘。要解決她的問題，就要讓她把未完成事件做完。

不是擔心孩子沒人照顧嗎？讓她知道孩子由「列祖列宗」撫養著，這下總該放心了吧！不是想著為孩子報仇嗎？讓她直接和「仇人」理論，把想說的話發洩出來，透過對話來重新正視這個「殺孩」事件，她的「報仇情結」就得到了釋放。

所以，對於未完成事件，只要我們能夠提供一個完成的機會，這個情結自然會消除。

七、「未竟事務」的處理方法

其實每個人處理「未竟事務」的方法都是不一樣的。玄奘法師選擇的方式就是理性對待，把未完成事件變成完成事件；而那位準媽媽呢，她選擇的是情感折磨，用壓抑和自責來逼瘋自己。

對於生活中的重大變故，其實很多人都不能用理性的方式來對待，他們會壓抑、會內疚，甚至會自虐。當我們無法將我們的痛苦表達出來時，一個未竟事務就形成了。

對於這些壓抑在心中的情結，我們需要的就是釋放，格式塔學派的「空椅法」（empty-chair method）就是很好的一個方法。

所謂「空椅法」，我們在前文中也提到過，就是把一張空椅子放在來訪者的面前，假定某人坐在這張椅子上。你把自

己想要對他說卻沒來得及說的話表達出來，從而使內心趨於平和。說白了，就是找一張椅子作為載體，你把未完成的事做完，把未表達出的情感傾訴出來。

　　心理學中，把空椅法的操作分為三種形式，一種是自我宣洩式，一種是自我對話式，還有一種就是他人對話式。這三種雖然形式不同，但具體的操作還是有很多相似之處的。我這裡主要介紹的是第一種自我宣洩式，有興趣的朋友也可以了解一下其他形式。

九九八十一難：
只要有了生存的意義，
再大的苦難也可以承受

一、九九八十一難

雖說八十一難主要是為玄奘法師準備的，但是一路相伴的徒弟們也免不了深受其害。

悟空一個筋斗十萬八千里，正好是取經的總路程，明明可以一個筋斗就到達，卻也陪著師父一步一個腳印地走；八戒最怕挨餓了，沒取經之前，為了防止肚子餓，八戒是吃人度日的，取經之後也只好勒緊褲腰帶趕路；沙僧也是一樣，跟在師父後面，又當保母又當保鏢，一刻也不能掉以輕心；小白龍更可憐，只能化成一匹馬，日日夜夜馱著師父走……

為什麼佛祖一定要師徒幾人經受這麼多磨難呢？其實在悟空想奪取玉帝寶座時，佛祖就告訴了我們答案。

佛祖對悟空說：「他（玉帝）自幼修持，苦歷過一千七百五十劫，每劫該十二萬九千六百年。你算，他該多少年數，方能享受此無極大道？你那個初世為人的畜生，如

何出此大言！」換句話說，玉帝的寶座不是誰都能坐的，一定要經歷很多磨難，承受很多疾苦，才有資格坐在這個位置上。

如來認為，只有經歷眾多苦難，才能修成正果，所以他在尋找取經人時，也早早為他安排了眾多的磨難。

二、生存的意義是承受苦難的前提

可是八十一難畢竟不是小數目。面對這麼多苦難，唐僧師徒應該怎麼做呢？存在主義分析的領袖弗蘭克（Viktor Emil Frankl）認為：只要人有了生存的意義，再大的苦難也可以承受。

弗蘭克曾是集中營裡的囚犯，漫長的牢獄生涯使得他除了一息尚存之外別無餘物。他的雙親、哥哥、妻子，不是死在牢營裡，就是被送入毒氣室，僅剩下他和妹妹。

像他這樣失去一切，飽受飢寒凌虐，隨時都會死亡的人，怎麼會覺得人生還值得活下去呢？相信大家都迫不及待地想了解。

弗蘭克認為，生命的意義總在變化，但是卻從未停止，這裡有三種途徑可以幫助我們找到生命的意義：

◆ 創造一種工作或做一件實事。
◆ 體驗某些事物或遇見某個人。
◆ 選擇我們不可能避免的痛苦的態度。

　　第一條途徑的意思非常明顯，工作能夠讓我們獲得成就感和滿足感，透過工作，我們可以獲得生命的意義。但是其他兩種途徑就有些不好理解了，我來解釋一下。

　　第二條途徑是體驗某些事物或遇見某個人。體驗某些事物，我們可以理解為透過體驗自然、文化等，來發現生命中的真善美，進而找到生命的意義。遇見某個人，可以理解為透過愛一個人來尋找生命的意義。

　　弗蘭克認為，愛是理解一個人個性的唯一的、最核心的方法。一個人除非愛另一個人，否則就不能完全認識另一個人的實質。透過愛，他能夠看到被愛人的本質和特徵，甚至還能看到被愛人潛在的、尚未實現但應該實現的潛能。所以，愛的付出也可以發現生命的意義。

　　第三條路徑，也就是我要重點介紹的對困難的態度。其實我們面對絕望的情景、面對無法改變的命運時，也能發現生命的意義。

　　這句話怎麼理解呢？因為困境可以最大限度地證明你獨一無二的潛力，雖然你在遭遇困境，但是你也可以在此開闢另一片天地，你也可以把困境當作成就你自己的階梯。

　　魯迅先生有句名言：「不在沉默中爆發，就在沉默中滅亡。」說的就是這個道理，如果我們不能改變環境，就改變自己，改變自己看待困境的態度，找到受難的意義。此時人關心的不再是獲得快樂或避免痛苦，而是發現生命的意義。

當然受難並不是發現生命意義的必要條件，只是說在受難的情況下，生命的意義也是存在的。

弗蘭克認為，人生無法避免三種必然的悲劇：過失、痛苦和死亡。過失讓我們明白自身的易誤性，人作為有限者必定會犯錯，我們不需要對過失進行過多的指責；痛苦意味著人不得不忍受現實的不幸，承受身心的煎熬；而死亡使我們明白自身的必然性，只有坦然面對死亡，我們才會使行動更有意義。

人如何面對這三種悲劇，對於實現完整的人性有著重要的意義。人們有在苦難中獲取生命意義的潛能，即便是在最悲慘的時刻，有些人也可以發現其中積極的一面。

三、確定生命的意義

面對這麼多苦難，唐僧師徒又持有怎樣的態度呢？

唐僧取經決心強烈，本著「大抵是受王恩寵，不得不盡忠以報國身」的想法，不得真經，絕不回還，誓要以此報唐王知遇之恩。

孫悟空起初在五行山下，觀音菩薩給他做的人生規劃是「秉教伽持，入我佛門，再修正果」，悟空也一直銘記觀音的教誨，一路上遇妖殺妖，遇怪打怪。「指望歸真正果，洗業除邪」。

豬八戒一心想吃喝不愁，脫離災障。

沙和尚一心想將功贖罪，返回天庭。

師徒四人，每個人對取經的理解都不一樣，追求自然也有所不同。不過有一點是相同的：那就是他們都找到了取經的意義，都找到了迎接苦難的方法。

四、有了意義，再大的苦難也能挺過

在取經路上，唐僧是承受最大磨難的那個人。

他還沒出生前，就險些胎死腹中。出生之後又遭遺棄，是一個沒爹疼沒娘愛的孩子。在水陸大會上好不容易脫穎而出，名利雙收，卻又立刻請旨前去西天取經。之後的十四年更是在擔驚受怕中度過，時不時地就有妖精想吃他，就有妖怪想和他成親，真的是一天安穩日子也沒有。

可是面對這些磨難，唐僧沒有退縮。妖怪要吃我，我不怕，勇往直前；妖精要嫁我，我不留，佛家才是我的歸宿。一次次的磨難，一次次的拒絕，才換來了最後的真經。

同樣地，雖然悟空有時候忍受不了師父的愚昧，也離隊出走過幾次，但為了修得正果，他最終都選擇了回去；豬八戒一路上嚷著散夥，也多次偷懶不幹，可是他抱怨歸抱怨，並沒有走一步回頭路；沙僧更不用說了，踏踏實實、安安分分，在取經這件事上沒有一點二心。

這就是生存意義的力量。師徒幾個都有自己的追求，他們知道苦難對自己意味著什麼，所以他們才能勇往直前，毫不退縮。

五、每個人都要經歷九九八十一難

《西遊記》真經難取，我們平時生活中要想取得成功，又何嘗不是需要九九八十一難甚至更多呢？

英國著名的思想家洛克，曾說過這樣一句話：「人生的磨難是很多的，所以我們不可對於每一件輕微的傷害都過於敏感。在生活磨難面前，精神上的堅強和無動於衷是我們抵抗罪惡和人生意外的最好武器。」

的確，人生的磨難有很多，多到我們根本就不想經歷，也不敢想像。佛家宣揚的「眾生皆苦，苦大於樂」，以及文學作品中出現的「人生不如意十有八九」，更是讓人們對「苦」這個字充滿畏懼。

但是我想說的是，當我們面臨挑戰的關卡時，身心摧殘並不可怕，可怕的是懷疑自己，懷疑成長的效果。

如果我們認為自己受的苦、遭的罪不能換來自己想要的結果，如果我們認為自己的努力可能會白費，如果我們覺得為難自己便是不愛自己，那成長就無從談起了。

我們先來看一個寓言故事：一隻蝸牛有很大的抱負，牠

想要去登泰山，但牠算了一下，爬到那裡需要 20 年的時間，就長嘆一聲放棄了；牠又想去看看東海，牠又算了一下，這需要 50 年的時間，牠根本活不到那個時候，也就是說牠爬一輩子也到不了，於是牠又放棄了。最後這隻蝸牛哪裡也沒去，憂鬱而終。

其實很多普通人也有蝸牛的這種心理，有夢想又怎樣，如果付出代價太大，我也不想實現它。一聽說戒菸這麼煎熬，乾脆不戒了；一聽說創業風險這麼大，乾脆不做了；一聽說要獨自去一個不熟悉的地方，這麼危險，立刻退縮了……這樣的現象在現實生活中比比皆是。

我們不但不願自己經歷磨難，還不願孩子受苦。為了避免小孩長大後吃太多苦，做父母的把僅有的積蓄都投進了小孩的各種才藝班。為了避免女兒受苦，父母挑女婿的原則是有車有房有保障。孩子已經開始工作了，父母還在擔心孩子賺的錢能不能養活自己；就算孩子已說明錢財足夠，父母每月還時不時再匯點零用錢給孩子。真的是可憐天下父母心呀！

其實人生是面對一連串問題和解決一連串問題的過程。著名的心理學家艾瑞克森提出了人格發展的心理社會發展階段論。

他認為在不同的年齡階段人們會遇到不同的心理危機，如果處理得好，人們就能順利進入下一階段，否則就會產生一些心理障礙。所以，要成長，就需要克服危機，這也是心

理發展當中的科學規律。

但是有些人對成長的方向理解有誤，認為搞定別人，對別人有辦法才是成長；認為知道一些別人不知道的，讓別人高看自己就是成長；認為獲得更多的錢財和名利，就是成長。殊不知，這種外求的途徑僅僅是為了滿足自己的虛榮心，對真正的成長並沒有什麼益處。

莎士比亞曾經說過：「人們可以支配自己的命運，若我們受制於人，那錯不在命運，而在我們自己。」如果我們的價值、意義、成長要由別人的認可來決定，那我們終將受制於人，無法掌握自己的人生。

六、迎接苦難有妙招

漫長人生中，誰也不可能一帆風順，難免要經歷挫折和坎坷。被挫折歷練後的人總是更頑強、更成熟、更勇敢，唐僧師徒就是在九九八十一難中成長起來的。

作為普通大眾的我們，又何嘗能夠逃掉這種成長的「路徑」呢？困難就在面前，撐過去了，不僅收穫鮮花和掌聲，而且最重要的是實現了生存的意義；退回去了，也就什麼都沒有了。

那我們究竟該如何做呢？

1. 樹立遠大理想，制定人生目標

人活著，總要有一定的追求和期望。我們要努力讓自己確定一個發展方向，一個有價值的目標。有了執著的追求，可以有效增強我們的抗壓性。遇到挫折時，我們就更容易超越自我，並對自己進行有效的調整。這也是弗蘭克所提倡的找尋生命的意義。

2. 採用認知減壓法

先正視挫折，客觀地、毫不歪曲地分析整個情況。然後接受挫折，分析一下挫折已經造成或者未來可能會造成的困難。之後分析挫折給自己帶來的經驗教訓以及意義。最後化挫折為行動，制定一個計畫，用來超越或改善自己的狀況。

3. 嘗試運動減壓法

「自古雄才多磨難，從來紈絝少偉男」，從事一些體育項目，如球類、田徑類運動，或者其他自己感興趣的活動，如爬山等。這樣有利於排解鬱悶，培養積極樂觀的態度。

4. 採用閱讀及社交減壓法

透過閱讀自己喜歡的書籍、雜誌轉移注意力，或者看關於心理調節類的書籍，根據書籍的指導進行自我調節。也可以多與親朋好友交流，釋放自己的緊張情緒。

九九八十一難：只要有了生存的意義，再大的苦難也可以承受

電子書購買

爽讀 APP

國家圖書館出版品預行編目資料

西遊心理學，情緒、欲望與意志的賽局：自我覺察 × 駕馭惰性 × 拒絕敏感 × 接納缺陷，從破解妖怪的圈套到通過佛祖的考驗，安放騷動不已的內心 / 韋志中 著 . -- 第一版 . -- 臺北市：崧燁文化事業有限公司 , 2024.08
面；　公分
POD 版
ISBN 978-626-394-570-8(平裝)
1.CST: 自我肯定 2.CST: 自我實現 3.CST: 精神分析 4.CST: 應用心理學
177.2　　113010667

西遊心理學，情緒、欲望與意志的賽局：自我覺察 × 駕馭惰性 × 拒絕敏感 × 接納缺陷，從破解妖怪的圈套到通過佛祖的考驗，安放騷動不已的內心

臉書

作　　　者：韋志中
責任編輯：高惠娟
發 行 人：黃振庭
出 版 者：崧燁文化事業有限公司
發 行 者：崧燁文化事業有限公司
E - m a i l：sonbookservice@gmail.com
粉 絲 頁：https://www.facebook.com/sonbookss/
網　　　址：https://sonbook.net/
地　　　址：台北市中正區重慶南路一段 61 號 8 樓
8F., No.61, Sec. 1, Chongqing S. Rd., Zhongzheng Dist., Taipei City 100, Taiwan
電　　　話：(02) 2370-3310　　　傳真：(02) 2388-1990
印　　　刷：京峯數位服務有限公司
律師顧問：廣華律師事務所 張珮琦律師

定　　　價：420 元
發行日期：2024 年 08 月第一版
◎本書以 POD 印製
Design Assets from Freepik.com